Philipp A. Schulze

Ertragssteuerliche Konsequenzen von M&A Transaktionen bei Personengesellschaften

Eine Betrachtung der Veräußerungsseite

Schulze, Philipp A.: Ertragssteuerliche Konsequenzen von M&A Transaktionen bei Personengesellschaften. Eine Betrachtung der Veräußerungsseite, Hamburg, Igel Verlag RWS 2016

Buch-ISBN: 978-3-95485-335-9
PDF-eBook-ISBN: 978-3-95485-835-4
Druck/Herstellung: Igel Verlag RWS, Hamburg, 2016

Rechtsstand: 31.03.2015

Bibliografische Information der Deutschen Nationalbibliothek:
Die Deutsche Nationalbibliothek verzeichnet diese Publikation in der Deutschen Nationalbibliografie; detaillierte bibliografische Daten sind im Internet über http://dnb.d-nb.de abrufbar.

© Igel Verlag RWS, Imprint der Diplomica Verlag GmbH
Hermannstal 119k, 22119 Hamburg
http://www.diplomica.de, Hamburg 2016
Printed in Germany

Inhaltsverzeichnis

Abkürzungs- und Symbolverzeichnis

&	und
∀	für / für alle
§	Paragraph
Ø	Durchschnitt / durchschnittlich
π	Veräußerungsgewinn nach Freibetragsabzug gem. § 16 Abs. 4 EStG

A

a. A.	anderer Auffassung
a. F.	alte Fassung
Abs.	Absatz
AfA	Absetzung für Abnutzung
AG	Aktiengesellschaft
AktG	Aktiengesetz
Alt.	Alternative
ANF	Annuitätenfaktor
AO	Abgabenordnung
ao.	außerordentlich(e)
Art.	Artikel

B

B	Billionen oder brutto
BB	Betriebs Berater (Zeitschrift)
BewG	Bewertungsgesetz
BFH	Bundesfinanzhof
BFH/NV	Sammlung der Entscheidungen des BFH, die nicht in der amtlichen Sammlung des BFH veröffentlicht wurden (Zeitschrift)
BGB	Bürgerliches Gesetzbuch
BGB-AT	Bürgerliches Recht – allgemeiner Teil
BGH	Bundesgerichtshof
BGHZ	Nicht amtliche Sammlung der wichtigen Entscheidungen des Bundesgerichtshofs in Zivilsachen (Köln, Carl Heymanns Verlag)
BMF	Bundesministerium der Finanzen
BMWi	Bundesministerium für Wirtschaft und Energie
BP	Betriebsprüfung

	FG	Finanzgericht
	FinV	Finanzverwaltung
	Fn.	Fußnote
	FR	Finanz-Rundschau Ertragsteuerrecht (Zeitschrift)
G	G_i	Gewinn von Gesellschafter i
	GbR	Gesellschaft bürgerlichen Rechts
	gem.	gemäß
	GesellschaftsR	Gesellschaftsrecht
	GewSt	Gewerbesteuer
	GewStG	Gewerbesteuergesetz
	GewStR	Gewerbesteuer-Richtlinien
	GfK	Gesellschaft für Konsumforschung
	GG	Grundgesetz
	gl. A.	gleiche(r) Ansicht / Auffassung
	GmbH	Gesellschaft mit beschränkter Haftung
	GmbHG	GmbH-Gesetz
	GmbH-StB	GmbH-Steuerberater (Zeitschrift)
	grds.	grundsätzlich
	GrEStG	Grunderwerbsteuergesetz
	GStB	Gestaltende Steuerberatung (Zeitschrift)
	GuV	Gewinn- und Verlustrechnung
H	H	Hinweis
	h. L.	herrschender Lehre / Literaturauffassung
	h. M.	herrschende Meinung
	H/H/R	Herrmann / Heuer / Raupach (Kommentar)
	HB	Handelsblatt (Zeitschrift)
	HGB	Handelsgesetzbuch
	HS	Halbsatz
I	i / i_n	Zinssatz / Zinssatz nach Steuern
	i. d. F.	in der Fassung
	i. d. R.	in der Regel
	i. e. S.	im eigentlichen bzw. engeren Sinn

	i. R. d.	im Rahmen der
	i. S. d.	im Sinne des / der
	i. S. e.	im Sinne einer / eines
	i. S. v.	im Sinne von
	i. V. m.	in Verbindung mit
	IDW	Institut der Wirtschaftsprüfer
	IfM Bonn	Institut für Mittelstandsforschung, Bonn
	insb.	insbesondere
J	JStG	Jahressteuergesetz
K	K	Kapitalwert
	K	Tausend
	K/K/K	Kessler / Kröner / Köhler (Kommentar)
	K/S/M	Kirchhof / Söhn / Mellinghoff (Kommentar)
	Kap.	Kapitel
	KG	Kommanditgesellschaft
	KGaA	Kommanditgesellschaft auf Aktien
	KMU	Kleine und mittlere Unternehmen
	KonzernStR	Konzernsteuerrecht
	krit.	kritisch
	KStG	Körperschaftsteuergesetz
L	L/B/P	Littmann / Bitz / Pust (Kommentar)
	LS	Leitsatz bei Gerichtsurteil
M	m / Mio.	Millionen
	M&A	Mergers & Acquisitions
	M&A-R	M&A REVIEW (Zeitschrift)
	m. E.	meines Erachtens
	m. V. a.	mit Verweis auf
	m. w. N.	mit weiteren Nachweisen
	m. W. v.	mit Wirkung vom
	MBI	Management-Buy-in
	MBO	Management-Buy-out

| | UnternehmenStR | Unternehmensteuerrecht |
| | USD | US-Dollar |

V
	v zvE	verbleibendes zu versteuerndes Einkommen i. S. d. Legaldefinition nach § 34 Abs. 1 S. 2 EStG
	vgl.	vergleiche
	VZ / VZs	Veranlagungszeitraum / Veranlagungszeiträume

X
| | x | Veräußerungsgewinn vor Freibetragsabzug gem. § 16 Abs. 4 EStG |

Z
| | zvE | zu versteuerndes Einkommen i. S. d. § 2 Abs. 5 S. 1 EStG |
| | zzgl. | zuzüglich |

Abbildungs-, Formel- und Tabellenverzeichnis

§ 1 Einleitung und Grundlagen

Am 05.03.2015 akquirierte der Nahrungsmittelkonzern *Dr. Oetker KG* die *Coppenrath & Wiese GmbH & Co. KG,* Europas größten Tiefkühltortenhersteller. Nachdem der Firmengründer *Aloys Coppenrath* im Frühling 2013 verstarb, hatten sich seine Erben im Sommer 2014 für einen Verkauf des Unternehmens entschieden.[1] Diese Transaktion zeigt zum einen exemplarisch, wie wichtig familiengeführte Unternehmen in der Rechtsform der Personengesellschaft in der deutschen Wirtschaft sein können und thematisiert gleichzeitig ein zentrales Problem vieler Familienunternehmen: die Unternehmensnachfolge.

Die deutsche Volkswirtschaft ist von vielen kleinen und mittleren (Familien-)Unternehmen (KMUs) geprägt. Hierzu zählen – je nach Definition – Unternehmen mit weniger als 250 bzw. 500 Beschäftigten und/oder einem Jahresumsatz von unter 50m EUR.[2] Laut Schätzung des Instituts für Mittelstandsforschung (IfM Bonn), unter Verwendung ihrer eigenen Definition, zählten 2014 3,7 Mio. Betriebe[3] zu den KMUs, was einem Anteil von 99,60 % entspricht. Der Mittelstand[4] erwirtschaftete 2012 einen umsatzsteuerpflichtigen Umsatz von 2,116b EUR, was zwar ʼnurʼ einen Anteil von 36,80 % ausmacht, jedoch waren 2013 79,00 % der sozialversicherungspflichtig Beschäftigten in KMUs tätig,[5] weshalb man den Mittelstand durchaus als „Wirtschaftsmotor"[6] bezeichnen kann.

Wegen großer Flexibilität und umfangreichen Gestaltungsmöglichkeiten verwenden mehr als ¾ des deutschen Mittelstandes die Rechtsform des Einzelunternehmens oder der Personengesellschaft.[7] Das sind mehr als 2,3 Mio. Einzelunternehmen und fast 450.000 Personengesellschaften.[8] Die Erscheinungsform von Personengesellschaften

---

[1] dpa - Reuters (2015), HB.
[2] Vgl. IfM Bonn (2002), KMU-Definition IfM Bonn; IfM Bonn (2005), KMU-Definition EU Kommission.
     Die EU Kommission verwendet eine engere Definition und erachtet nur Unternehmen mit bis zu 249 Beschäftigten als KMU (vgl. ausführlich: *Günterberg & Wolter* (2003), Unternehmensgrößenstatistik, S. 9 – 14). Nachfolgend wird stets die Definition des IfM Bonn verwendet.
[3] Der Begriff „Betrieb" wird im Folgenden synonym zum Begriff „Unternehmen" verwendet.
[4] „Mittelstand" ist eine primär in Deutschland gebräuchliche Bezeichnung; international spricht man i. d. R. von KMUS. „Mittelstand" ist somit als Synonym für KMUs zu verstehen, schließt aber auch kleinere Unternehmen mit ein. (vgl. *Günterberg & Wolter* (2003), Unternehmensgrößenstatistik. S. 1 – 4).
[5] IfM Bonn (2015), Mittelstand im Überblick.
[6] BMWi (2014), Wirtschaftsmotor Mittelstand, S. 1.
[7] IDW (2011), Steuerinduzierten Klauseln. S. 1.
[8] DESTATIS (2014), Unternehmensregister; siehe auch tabellarische Übersicht und weitere Angaben zu Unternehmen nach Rechtsform im Anhang § 4 A. I. 1., S. 69 f.

kann dabei sehr vielfältig sein. Viele sind kleinere Kooperationen mit geringeren Einkünften. Es existieren allerdings auch konzernähnliche Großunternehmen – die nicht mehr zu KMUs zählen – mit Personengesellschaft als Spitzeneinheit oder im Beteiligungsbereich[9] – wie bspw. die *Dr. Oetker KG* oder die *Coppenrath & Wiese GmbH & Co. KG*.

Unabhängig von wirtschaftlicher Stärke und Marktposition oder auch Rechtsform, stellt sich für viele Gesellschafter von KMUs die Frage ihrer Unternehmensnachfolge. Von den ca. 700.000 (`größeren´) mittelständischen Unternehmen mit einem Jahresgewinn von über 50.000 EUR werden, einer IfM Studie zufolge, bis 2018 etwa 135.000 Unternehmen hiervon betroffen sein.[10] Die DZ Bank kommt in ihrer GfK-Mittelstandsumfrage sogar auf 150.000 Betriebe. In den kommenden fünf Jahren seien 25,00 %, in den kommenden zehn Jahren bis zu 50,00 % der Unternehmen betroffen,[11] was laut Herrn *Macke*, der bis 2013 Vorstand der DZ Bank war, zeige „welche Dimension der Generationenwechsel im Mittelstand für die gesamte deutsche Volkswirtschaft"[12] habe. Von fast ⅔ der Unternehmer wird wohl eine familieninterne Nachfolgelösung[13] präferiert. Es ist allerdings ein deutlicher Trend zugunsten familienexterner Unternehmensnachfolge zu erkennen, bspw. eine Veräußerung an das interne bzw. ein externes Management (Management-Buy-Out, MBO bzw. Management-Buy-In, MBI). Dies wird immerhin von gut 25,00 % erwogen.[14] Gerade bei KMUs bestehen gute Chancen für MBOs bzw. MBIs, da die Nachfolgelösung vom Management selbst finanziert werden könnte.[15] Neben der Finanzierung der Unternehmensnachfolge stellen sich u. a. auch bei der steuerlichen Gestaltung des Verkaufs bzw. der Veräußerung

---

[9] *Pyszka & Brauer* (2008) in: K/K/K, KonzernStR, § 3 Rn. 516.
[10] *Suprinovič & Kay* (2013), Unternehmensnachfolge, S. 8.
[11] DZ Bank (2013), Nachfolge.
Die IfM- und DZ Bank-Studie unterscheiden sich bzw. sind nicht direkt vergleichbar, da sie die Grundgesamtheit unterschiedlich abgrenzen und auf anderen Annahmen basieren. Dennoch verdeutlichen beide Studien die hohe Anzahl von Unternehmensnachfolgen bei KMUs.
[12] DZ Bank (2013), Nachfolge.
[13] Auch hier werden sich mehrere Fragen und Probleme ergeben, denn das BVerfG hat in seinem Urteil zum ErbStG nicht nur die Privilegierung des Betriebsvermögens in §§ 13a, 13b i. V. m. § 19 Abs. 1 ErbStG als Verstoß gegen den Gleichheitsgrundsatz nach Art. 3 Abs. 1 GG für verfassungswidrig erklärt, sondern auch eine rückwirkende Gesetzesänderung bis zum 30.06.2016 zugelassen. §§ 13a, 13b i. V. m. § 19 Abs. 1 ErbStG bleiben somit weiterhin anwendbar, ein Vertrauensschutz hierauf besteht jedoch nicht (BVerfG-Urteil vom 17.12.2014, 1 BvL 21/12, NJW 2015, 303).
[14] Vgl. DZ Bank (2013), Nachfolge; *Weber* (2009), Familienexterne Unternehmensnachfolge, S. 4 f.
[15] DZ Bank (2013), Nachfolge; *Flicke* (2014), HB.

sowie des Kaufs bzw. des Erwerbs[16] viele gleichermaßen komplexe wie auch interessante Fragen. Sie sind jedoch öfters ein derivatives Ziel von finanziellen oder allgemeinen Management-Gründen der Transaktion.

Das Ziel der Arbeit ist die Untersuchung und Bewertung der ertragsteuerlichen Konsequenzen von M&A Transaktionen bei Personengesellschaften. Dabei konzentriert sich die Arbeit primär auf die Veräußerung von Mitunternehmeranteilen durch eine natürliche Person (§ 2 B.). Die Last der Besteuerung wird aus wirtschaftspolitischen Gründen in gewissen Bandbreiten durch steuerliche Begünstigungen nach §§ 16 Abs. 4, 34 Abs. 1, Abs. 3 EStG gemildert, wenn die entsprechenden Voraussetzungen hierfür vorliegen. Die Thematisierung der Tatbestandsvoraussetzungen bildet den Schwerpunkt dieser Arbeit (§ 2 B. I. 1.). Die Anwendung der Steuerprivilegien bei der Besteuerung stellt dann `nur noch´ ihre Rechtsfolge dar (§ 2 B. I. 2.). Es folgen eine kurze Betrachtung der doppelstöckigen Personengesellschaft (§ 2 C.) und einer juristischen Person (§ 2 D.) als Veräußerer. Die Arbeit endet mit einer kurzen Würdigung als Fazit (§ 3). Im Anhang (§ 4) finden sich ergänzende Tabellen und Berechnungen. Der Vollständigkeit halber und als erweiterte Einleitung werden zunächst kurz die Besteuerung von Personengesellschaften (§ 1 A.) dargestellt und die Relevanz von M&A Transaktionen (§ 1 B.) – aus denen sich die steuerlichen Fragen als derivative Probleme ergeben – dargelegt.

A. Grundlagen der Besteuerung von Personengesellschaften

Trotz zivilrechtlicher Teilrechtsfähigkeit[17] erfolgt die Besteuerung von Personengesellschaften nicht nach dem Trennungsprinzip wie bei Kapitalgesellschaften, die gem. § 1 Abs. 1 Nr. 1 KStG eigenständige Steuersubjekte sind, sondern nach dem Transparenzprinzip. Die erzielten Einkünfte werden den Gesellschaftern „als originäre eigene

---

[16] Von der, dem Zivilrecht immanenten, Trennung in schuldrechtliches Verpflichtungsgeschäft und sachenrechtliches Erfüllungsgeschäft (vgl. *Alpmann* (2014), BGB-AT, Rn. 12 f.) soll Abstrahiert werden, weil im Steuerrecht regelmäßig der wirtschaftliche Eigentumsübergang (§ 39 Abs. 2 Nr. 1 AO) relevant ist. Verkauf bzw. Veräußerung und Kauf bzw. Erwerb werden somit nachfolgend synonym benutzt.

[17] Zivilrechtlich gesehen besitzen Personengesellschaften keine eigene Rechtspersönlichkeit wie juristische Personen (§ 1 Abs. 1 S. 1 AktG, § 13 Abs. 1 GmbHG). Für die Personenhandelsgesellschaften normieren § 124 Abs. 1 HGB (für eine OHG) und § 161 Abs. 2 i. V. m. § 124 Abs. 1 HGB (für eine KG) explizit eine Teilrechtsfähigkeit. Der lange um die Rechtsfähigkeit der GbR herrschende Meinungsstreit dürfte seit einem BGH-Urteil (vgl. BGH-Urteil vom 29.01.2001, II ZR 331/00, BGHZ 145, 341) entschieden sein: Die Außen-GbR begründet eine Teilrechtsfähigkeit (vgl. *Alpmann* (2014), GesellschaftsR, Rn. 50 f.).

Einkünfte zugerechnet"[18] und bei diesen als eigene Einkommen versteuert. Nach § 1 Abs. 1 S. 1 EStG sind nur natürliche Personen i. S. d. § 1 BGB, also die Gesellschafter und nicht die Gesellschaft, steuerpflichtig. Dennoch wird bei Personengesellschaften eine partielle Steuerrechtsfähigkeit unterstellt: Der Gesellschaftsgewinn wird zunächst bei der Gesellschaft ermittelt und anschließend für die Besteuerung anteilig auf die Gesellschafter verteilt (§ 15 Abs. 1 Nr. 2 S. 1 HS 1 EStG).[19] Sie ist also Subjekt der Gewinnerzielung und -ermittlung, aber nicht Besteuerungssubjekt.[20] Die Gewinnermittlung erfolgt zweistufig im Rahmen eines dualen Systems: Auf der ersten Stufe werden neben dem Gewinnanteil der Gesellschaft auch etwaige Ergänzungsbilanzen[21] berücksichtigt.[22] Auf der zweiten Stufe werden Sondervergütungen[23] des jeweiligen Mitunternehmers[24] (§ 15 Abs. 1 S. 1 Nr. 2 S. 1 HS 2 EStG) und außerhalb der Gesamthand erzielte Gewinne bzw. Verluste des jeweiligen Sonderbetriebsvermögen[25] berücksichtigt.[26] Die Ergebnisse beider Stufen, also das Ergebnis der Gesamthandsbilanz, das Ergebnis der Ergänzungsbilanz und der Sonderbilanzgewinn, werden i. R. d. additiven Gewinnermittlung zum Gesamtgewinn des Mitunternehmers zusammengefasst.[27] Steuerverfahrensrechtlich erfolgt dies i. R. d. gesonderten und einheitlichen Feststellung der Einkünfte nach § 179 Abs. 1, 2 i. V. m. § 180 Abs. 1 Nr. 2 a AO.[28]

---

[18] BFH-Beschluss vom 03.05.1993, GrS 3/92, BStBl. II 1993, 616, Rn. 60; vgl. auch *Hennrichs* (2013) in: Tipke/Lang, StR, § 10 Rn. 10, 13; *Schreiber* (2012), Besteuerung, S. 213 – 215.

[19] Vgl. BFH-Beschluss vom 03.05.1993, GrS 3/92, BStBl. II 1993, 616; BFH-Beschluss vom 03.07.1995, GrS 1/93, BStBl. II 1995, 617 Rn. 51; BFH-Beschluss vom 25.06.1984, GrS 4/82, BStBl. II 1984, 751, Rn. 125; *Bitz* (2015) in: L/B/P, EStG, § 15 Rn. S. 7; *Reiß* (2014) in: K/S/M, EStG, § 15 Rn. E 2 f.

[20] *Birk, Desens & Tappe* (2013), StR, Rn. 1103; *Niehus & Wilke* (2013), PersG, S. 20.

[21] Ergänzungsbilanzen bilden Sachverhalte ab, die zwar das Gesamthandsvermögen betreffen, sich aber nur auf die gesellschafterbezogenen Einkünfte auswirken (vgl. *Schreiber* (2012), Besteuerung, S. 228).

[22] *Hennrichs* (2013) in: Tipke/Lang, StR, § 10 Rn. 20f., 120 – 126.

[23] Sondervergütungen sind Bezüge die ein Gesellschafter aufgrund neben dem Gesellschaftsvertrag bestehenden Vertragsbeziehungen von der Gesellschaft erhält (vgl. *Schreiber* (2012), Besteuerung, S. 223).

[24] Mitunternehmer ist grds. wer über die zivilrechtliche Gesellschafterstellung hinaus Mitunternehmerrisiko trägt und Mitunternehmerinitiative entfaltet (vgl. *Hennrichs* (2013) in: Tipke/Lang, StR, § 10, Rn. 33 – 37).

[25] Wirtschaftsgüter im zivilrechtlichen Eigentum des Gesellschafters, die dieser der Gesellschaft zur Nutzung und Gewinnerzielung überlassen hat (vgl. *Schreiber* (2012), Besteuerung, S. 223).

[26] *Hennrichs* (2013) in: Tipke/Lang, StR, § 10 Rn. 22, 106, 130 – 139.

[27] *Hennrichs* (2013) in: Tipke/Lang, StR, § 10 Rn. 108 m. V. a. diverse BFH-Urteile.

[28] *Seer* (2013) in: Tipke/Lang, StR, § 21, Rn. 121 – 129; *Reiß* (2014) in: K/S/M, EStG, § 15 Rn. E 88 f.

4

Dieses Auseinanderfallen von Steuersubjekt und Subjekt der Einkünfteerzielung gilt nicht für die Gewerbesteuer, wo die gewerbliche Mitunternehmerschaft eine Unternehmerstellung hat und sie daher selbst Steuerschuldner ist (§ 5 Abs. 1 S. 3 GewStG).[29]

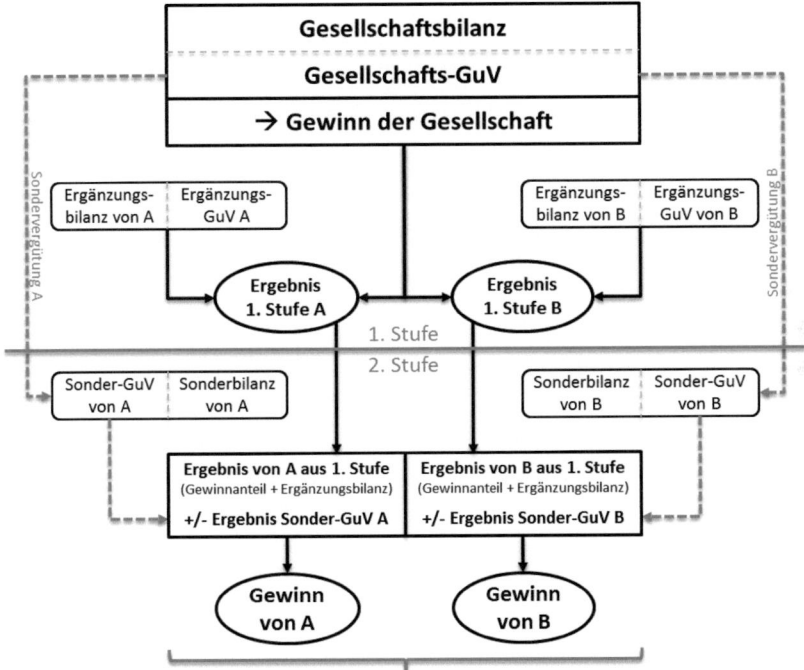

Abbildung 1: Zweistufige Gewinnermittlung bei einer Personengesellschaft[30]

B. Einführung zu Mergers & Acquisitions

M&A ist das Akronym von „Mergers & Acquisitions". Hierbei bedeutet „Mergers" i. e. S. Fusion und „Acquisitions" steht für Übernahme. Im deutschen Sprachgebrauch hat sich M&A allerdings als Bezeichnung für Unternehmenstransaktionen, also Unternehmensverkäufe und -käufe etabliert.[31]

---

[29] *Dumser* (2014) in: Sinewe, Tax DD, S. 120; *Montag* (2013) in: Tipke/Lang, StR, § 12 Rn. 6 f., 15.
[30] Eigene Darstellung in Anlehnung an *Hennrichs* (2013) in: Tipke/Lang, StR, § 10; *Niehus & Wilke* (2013), PersG, S. 64.
[31] Vgl. *Wegmann* (2013), Unternehmensverkauf, S. 1.

I.   Die Bedeutung und der Prozess der M&A Transaktion

Nicht nur bei mittelständischen Personengesellschaften steigt die Zahl der M&A Transaktionen, sondern auch rechtsformunabhängig und international. In den letzten beiden Jahrzehnten stiegen Anzahl und Transaktionsvolumen von M&A Deals deutlich an, wobei der Anstieg durch die Dotcom-Blase ab 2001 sowie die Finanzkrise ab 2007 zwischenzeitlich gebremst wurde.[32] Aufgrund des niedrigen Zinsniveaus und mangels alternativer Anlagemöglichkeiten verzeichnete der Unternehmensmarkt 2014 eine deutliche Erholung. Viele Betriebe verfügen aufgrund solider Geschäftslage über hohe Liquiditäts-überschüsse, was die Investitionsbereitschaft erhöht.[33] Aus strategischen, aber auch finanziellen Motiven dürften KMUs potentielle Zielunternehmen für Großbetriebe sein, um so bspw. an Know-how, Kunden und Märkte der Betriebe zu gelangen.[34]

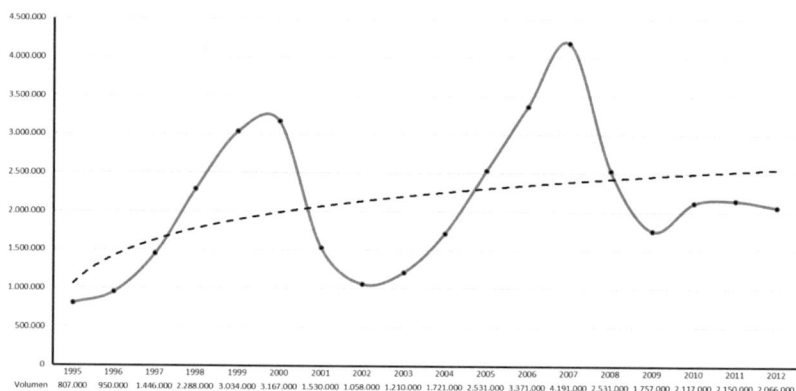

Abbildung 2: Volumen der weltweiten M&A Deals von 1995 bis 2012[35]

In der wirtschaftswissenschaftlichen Literatur finden sich unterschiedliche Prozessvarianten eines Unternehmensverkaufs, die unterschiedliche Ziele fokussieren.[36] Jedem Prozess liegen Ziele zugrunde – Ziele des Veräußerers sowie des Erwerbers. Das Ziel

---

[32] *Wirtz* (2012), M&A, S. 6 f.; *Wegmann* (2013), Unternehmensverkauf, S. 1 – 6.
[33] *Reifenberger* (2014), FINANCE, S. 11 f.
[34] Vgl. auch *Wegmann* (2013), Unternehmensverkauf, S. 27 f.; *Wirtz* (2012), M&A, S. 64 – 70, 73.
[35] Eigene Darstellung in Anlehnung an *Tschöke & Klemen* (2013), M&A-R, S. 223 unter Berufung auf Thomson Reuters Financial.
      Das Diagramm zeigt die Volumina von M&A Transaktionen im Zeitraum von 1995 bis 2012 in Mio. USD. Der graue Graph stellt den tatsächlichen Verlauf dar, die schwarze, gestrichelte Line ist eine exponentielle Regression des Trends.
[36] Bspw. *Watrin* (1998) in: Sobanski & Gutmann, Nachfolgeprozess, S. 39 – 45; vgl. auch *Olbrich et al.* (2014), Unternehmungsnachfolge, S. 11 – 21 m. w. N.

der Gewinnmaximierung[37], das wahrscheinlich fundamentalste aller betriebswirtschaftlichen Ziele, konkretisiert sich in zahlreichen Unterzielen: z. B. der Markterschließung oder Integration neuer Technologien. Im Rahmen der Gewinnmaximierung führt *Weinläder* das Ziel der „Steuerminimierung" an. Er postuliert, alle Steuerzahlungen auf ein Minimum zu reduzieren.[38] Um dieses Ziel zu erreichen, müsste der Betrieb aufgegeben werden bzw. hätte gar nicht erst gegründet werden dürfen, denn nur so ließe sich die Steuerlast auf ein Absolutes Minimum – nämlich null – senken. Es ist daher nur sinnvoll, die Steuerlast i. R. d. Minimalprinzips[39] zu reduzieren.[40]

Das nachfolgende Schaubild stellt die Grundstruktur einer Unternehmenstransaktion dar, welche die meisten wissenschaftlichen Arbeiten zum M&A Prozess gemein haben. Sie besteht aus den drei Oberbereichen Zielsetzung und Planung, Entscheidung und Durchführung sowie und Integration Zielunternehmens.

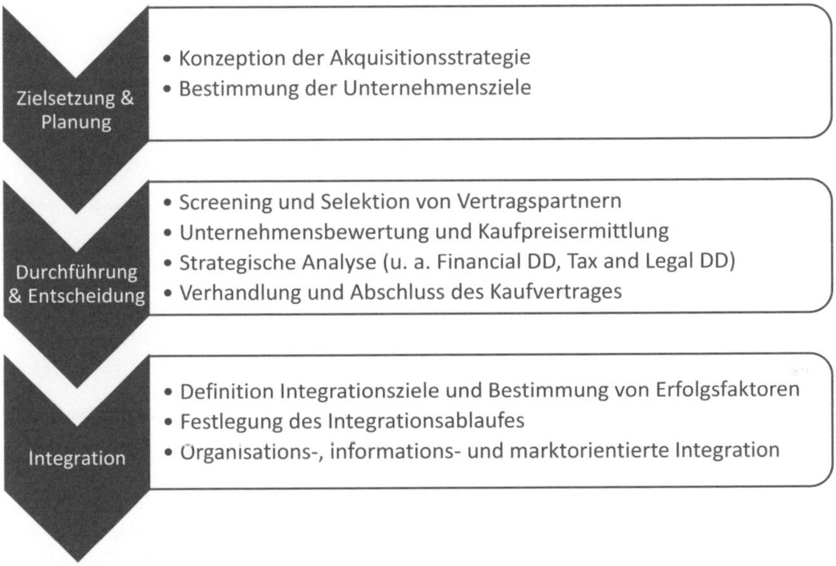

Zielsetzung & Planung	• Konzeption der Akquisitionsstrategie • Bestimmung der Unternehmensziele
Durchführung & Entscheidung	• Screening und Selektion von Vertragspartnern • Unternehmensbewertung und Kaufpreisermittlung • Strategische Analyse (u. a. Financial DD, Tax and Legal DD) • Verhandlung und Abschluss des Kaufvertrages
Integration	• Definition Integrationsziele und Bestimmung von Erfolgsfaktoren • Festlegung des Integrationsablaufes • Organisations-, informations- und marktorientierte Integration

Abbildung 3: Prozess einer M&A Transaktion[41]

---

37 Ausführlich zur Bedeutung der Gewinnmaximierung bereits *Gutenberg* (1983), Grundlagen BWL, S. 464 – 471 aber bspw. auch *Hering* (2008), Investitionstheorie, S. 9 – 22.
38 *Weinläder* (1998), Unternehmensnachfolge, S. 16.
39 Minimalprinzip als Ausprägung des Rationalprinzips: Ein bestimmtes, fixes Ergebnis soll mit der geringstmöglichen Steuerbelastung erreicht werden (vgl. bereits *Gutenberg* (1958), Einführung BWL, S. 31).
40 Vgl. *Olbrich et al.* (2014), Unternehmungsnachfolge, S. 24 f.
41 Eigene Darstellung in Anlehnung an *Wegmann* (2013), Unternehmensverkauf, S. 58; *Wirtz* (2012), M&A, 117, 140 – 145, 167, 176, 187, 209 f., 217 f. 222 – 258, 303 – 306.

Bei der Planung wird die Akquisitionsstrategie festgelegt, also bspw. die Transaktionsausrichtung (horizontal, vertikal oder lateral). Auch die Form der Transaktion (Share Deal vs. Asset Deal) wird hier festgelegt.[42] Die vorvertragliche Phase ist durch unvollkommene Informationen, Informationsasymmetrien und daraus folgendem Misstrauen geprägt. Gerade bei KMUs können diese Informationsprobleme beide Seiten betreffen. Grds. kennt ein Unternehmer seinen Betrieb besser als externe Dritte, aber bei KMUs kann sich dies aufgrund mangelhafter interner Berichts- und Kontrollsysteme und unternehmerischer Unerfahrenheit bzgl. M&A Transaktionen leicht umkehren.[43] Es wird versucht diese Informationsmängel durch eine systematische, mit der „gebotenen Sorgfalt" durchgeführte Risikoprüfung, der sog. Due Diligence (DD), abzubauen.[44] Den Käufer interessieren bei einer solchen Analyse vor allem erfolgskritische Tatbestände, die zu einem späteren Misserfolg der Transaktion führen könnten. Der Verkäufer kann sich durch umfassende Information des Erwerbers vor Gewährleistungsansprüchen sowie Schadenersatzansprüchen wegen Aufklärungspflichtverletzungen aus `culpa in contrahendo´[45] (§§ 280 Abs. 1, 311 Abs. 2, 241 Abs. 2 BGB) exkulpieren. Darüber hinaus helfen die einzelnen DDs dem Verkäufer auch bei der Bestimmung eines angemessenen Verkaufspreises[46], denn sie ergänzen fundamentalanalytische[47] und marktorientierte[48] Unternehmensbewertungen bzw. präzisieren diese.

II. Tax and Legal Due Diligence bei Personengesellschaften

Nachfolgend wird noch kurz auf einen aus steuerlicher Sicht sehr wichtigen Punkt der Risikobewertung eingegangen, nämlich die Tax DD. Sie erfolgt oft zusammen mit der der rechtlichen Risikobewertung, der sog. Legal DD. Die Legal DD konzentriert sich speziell auf die Prüfung der gesellschaftsrechtlichen Grundlagen sowie vertraglicher Beziehungen und die Bewertung laufender bzw. drohender Rechtsstreitigkeiten.[49] Das

---

[42] *Wirtz* (2012), M&A, S. 167 f. und ausführlich S. 167 – 176.
[43] *Wegmann* (2013), Unternehmensverkauf, S. 11 f.
[44] *Becker, Ulrich & Zimmermann* (2014), DB, S. 792; *Wirtz* (2012), M&A, S. 204 f.
[45] Ansprüche aus culpa in contrahendo (dt.: Verschulden bei Vertragsschluss) können sich wegen fahrlässiger Verletzung von vorvertraglichen Aufklärungs-, Beratungs- und Offenbarungspflichten aus §§ 280 Abs. 1, 311 Abs. 2, 241 Abs. 2 BGB ergeben (vgl. *Wien* (2012), BGB, S. 100 – 103).
[46] *Jansen* (2008), M&A, S. 271 f.; *Sinewe* (2014) in: Sinewe, Tax DD, S. 1 f.
[47] Bewertungen basieren meist auf DCF- bzw. Ertragswertverfahren (vgl. *Achleitner & Nathusius* (2004), Valuation, S. 29 – 60; *Fackler & Schacht* (2012), Unternehmensbewertung, S. 207 – 226, 171 – 178).
[48] Im letzten Jahrzehnt haben sich Multiples als (ergänzende) Unternehmensbewertung auf Basis von Marktdaten etabliert und sie werden gerade bei KMUs und jungen Unternehmen häufig verwendet (vgl. *Achleitner & Nathusius* (2004), Valuation, S. 115 – 129; *Becker, Ulrich & Zimmermann* (2014), DB, S. 794).
[49] Vgl. *Achleitner* (2002), Investment-Banking, S. 179.

Ziel der Tax DD ist es, die steuerrechtliche Situation des zu veräußernden Unternehmens offenzulegen, um so Risiken zu identifizieren. Sie dient ebenfalls der Vorbereitung der steuerlichen Strukturierung der Transaktion, weshalb sie meist vom Erwerber beauftragt wird. Sie kann aber auch im Auftrag des Verkäufers erfolgen, um Risiken vor dem Verkauf zu beseitigen und so einen höheren Veräußerungspreis zu erzielen.[50]

Zur Prüfung werden Steuererklärungen und Steuerbescheide sowie Jahresabschlüsse der letzten drei bis fünf VZs und BP-Berichte analysiert.[51] Bei einer Personengesellschaft reichen diese Unterlagen wegen der zweistufigen Gewinnermittlung nicht aus. Es müssen auch Ergänzungs- und Sonderbilanzen betrachtet werden, um ein veritables Ergebnis zu erhalten.[52] So könnten z. B. bei einer gewerblichen Personengesellschaft beim Gewerbeertrag falsch erfasste Sonderbetriebseinnahmen und –ausgaben, Gewerbesteuernachzahlungen auslösen, die dann Alt- und Neugesellschafter finanziell belasteten. Auch die Wertansätze von Vermögensgegenständen der Ergänzungsbilanz und ihren AfA-Nutzungsdauer können steuerliche Risiken begründen.[53]

---

[50] *Gottgetreu & Petrikowski* (2010) in: Brück/Sinewe, Unternehmenskauf, § 1, Rn. 42
[51] *Kewitz, Witzel & Jundt* (2014) in: Sinewe, Tax DD, S. 7 – 11.
[52] *Dumser* (2014) in: Sinewe, Tax DD, S. 115 f.; *Schoberth & Wittmann* (2012), BB, S. 763 mit Einschränkungen hinsichtlich der Ergänzungsbilanz.
[53] *Beisel & Klumpp* (2009), Unternehmenskauf, 2. Kapitel, Rn. 38; *Dumser* (2014) in: Sinewe, Tax DD, S. 121 – 124, 125 f.; krit. *Schoberth & Wittmann* (2012), BB, S. 763.

§ 2 Besteuerung des Verkaufs von Personengesell-
schaften

Im nachfolgenden Teil werden typische steuerrechtliche Probleme und steuerliche Folgen von M&A Transaktionen bei Personengesellschaften thematisiert. Gesellschafter einer Personengesellschaft und somit potentielle Veräußerer können neben natürlichen Personen auch juristische Personen oder andere Personengesellschaften (doppelstöckige oder mehrstöckige Personengesellschaften) sein. Es wird primär auf eine Veräußerung durch eine natürliche Person (B.) als Mitunternehmer eingegangen, mithin wird eine einstöckige Personengesellschaft unterstellt. Mehrstöckige Personengesellschaften (C.) bzw. Kapitalgesellschaften (D.) als Veräußerer werden anschließend betrachtet.

A. Übertragung von Personengesellschaften

Um die steuerlichen Folgen zu diskutieren wird zuvor noch auf die dingliche Übertragung von Personengesellschaften bzw. von Anteilen an Personengesellschaften eingegangen.

I. Zivilrechtlicher Gesellschafterwechsel – „Share Deal"

Zivilrechtlich sind Anteile an einer Personengesellschaft nicht fungibel wie bspw. Aktien (§ 68 Abs. 1 AktG),[54] dennoch ergeben sich bei einem Gesellschafterwechsel, also einer Kombination von Ausscheiden eines Gesellschafters und dem gleichzeitigen Eintritt eines neuen Gesellschafters an die Stelle des Austretenden, grds. keine Besonderheiten.[55] Ihre Gesellschaftsanteile sind im Zweifel jedoch nicht übertragbar (§ 717 BGB). Hierdurch soll eine Übertragung ohne Zustimmung der übrigen Gesellschafter verhindert werden, denn Personengesellschaften basieren auf dem persönlichen Vertrauen der einzelnen Gesellschafter. Bei Zustimmung erfolgt die Anteilsübertragung

---

[54] *Bezzenberger* (2010) in: Schmidt/Lutter, AktG-Komm, § 68, Rn. S. 5 – 14.
[55] Etwaige zivilrechtliche Probleme beim Ausscheiden eines Gesellschafters, z. B. dem Ausschluss nach § 737 BGB (GbR) bzw. § 140 Abs. 1 HGB (OHG, KG), oder die Nachhaftung des Gesellschafters für gesellschaftliche Altschulden nach §§ 128, 160 Abs. 1 HGB (OHG, KG) bzw. § 736 Abs. 2 BGB i. V. m. § 160 HGB „sinngemäß" (GbR) und ihre möglichen steuerlichen Folgen werden nicht thematisiert.

durch Abtretung nach §§ 413, 398 BGB ohne spezielle Formbedürftigkeit des Verpflichtungsgeschäftes.[56] Somit sind die Gesellschaftsanteile gesellschaftsrechtlich eigene Vermögensgegenstände[57], die selbstständig übertragen werden können – mithin ein zivilrechtlicher „Share Deal"[58].

Bei einem Verkauf seiner Anteile verliert der ausscheidende Gesellschafter zwar seine Rechte an der Gesellschaft, sein Anteil wächst den übrigen Gesellschaftern aber nicht zu (§ 738 Abs. 1 S. 1 BGB), denn der neue Gesellschafter tritt unmittelbar in seine Rechtsstellung ein.[59] Folglich entsteht ihm auch kein Abfindungsanspruch gegen die Gesellschaft aus § 738 Abs. 1 S. 2 BGB.

II. Gesellschafterwechsel im Steuerrecht – „Asset Deal"

Steuerrechtlich stellt der Verkauf bzw. der Erwerb von Gesellschaftsanteilen kein einheitliches Wirtschaftsgut dar, sondern der Käufer erwirbt Anteile an den einzelnen Wirtschaftsgütern der Mitunternehmerschaft mittels Singularsukzession – vergleichbar mit einem „Asset Deal"[60]. Die Übertragung jedes einzelnen Vermögensgegenstandes und jeder Verbindlichkeit erfordert die Zustimmung des jeweiligen Vertragspartners. Die Eigentumsübergang erfolgt dann nach dem allgemeinen sachenrechtlichen System: Bewegliche Sachen werden durch Einigung und Übergabe (§§ 929 ff. BGB), Immobilien durch Einigung und Auflassung (§§ 873 Abs. 1, 925 Abs. 1 S. 1 BGB) übertragen und bei Forderungen sowie Rechten erfolgt der Übergang durch Abtretung (§ 398 S. 1 BGB).[61] Etwaige, sich beim Erwerb ergebende Differenzen zwischen Kaufpreis und Buchwert der Wirtschaftsgüter sowie der residuale, derivative Firmen-

---

[56] Vgl. *Büdenbender* (2012) in: Dauner-Lieb/Langen, BGB, Anhang II zu §§ 433–480, Rn. 25: Bei einer „Personengesellschaften führt der Share Deal zur Übertragung eines, ggf. aller Gesellschaftsanteile".

[57] Die Begriffe „Vermögensgegenstand" und „Wirtschaftsgut" sollten wegen des Maßgeblichkeitsprinzips aus § 5 Abs. 1 S. 1 EStG identisch sein, doch sie sind im Detail wohl nicht kongruent (vgl. *Kußmaul* (2014), StL, S. 33). Vorliegend wird von etwaigen Unterschieden abstrahiert und die Begriffe werden synonym verwendet (so z. B. auch Springer-Gabler (2013), Steuer-Lexikon, S. 507).

[58] *Büdenbender* (2012) in: Dauner-Lieb/Langen, BGB, Anhang II zu §§ 433–480, Rn. 24 – 30.

[59] Vgl. *Alpmann* (2014), GesellschaftsR, Rn. 294 – 298; *Heidel & Hanke* (2012) in: Dauner-Lieb/Langen, BGB, § 738; BFH-Urteil vom 07.11.1991, IV R 50/90, BStBl. II 1992, 380, Rn. 5, 6 f.

[60] *Beisel & Klumpp* (2009), Unternehmenskauf Rn. 23; *Blaas* (2008) in: Lüdicke/Sistermann, § 14 Rn. 148.

[61] *Beisel & Klumpp* (2009), Unternehmenskauf, 4. Kapitel, Rn. 23; *Blaas* (2008) in: Lüdicke/Sistermann, UnternehmenStR, § 14, Rn. 148, 145 – 147, 150.

wert sind für steuerrechtliche Zwecke in der Ergänzungsbilanz des Erwerbes darzustellen und verhältnismäßig, nach objektiven Maßstäben, die den wirtschaftlichen Verhältnissen entsprechen, aufzuteilen.[62]

B. Veräußerung durch natürliche Person

Durch die Veräußerung von Wirtschaftsgütern kommt es zur Realisierung ihrer gespeicherten stillen Reserven. Um die Besteuerung der stillen Reserven sicher zu stellen, kommt es mehrfach zu einer Durchbrechung des Realisationsprinzips[63]: Zum einen erfolgt bspw. eine Gewinnrealisation bei Entnahmen (§ 6 Abs. 1 Nr. 4 S. 1 EStG) auch ohne getätigten Umsatz. Zum anderen erfolgt keine Gewinnrealisierung, wenn der Gewinn auf ein Reinvestitionswirtschaftsgut übertragen oder durch Einstellung in eine Reinvestitionsrücklage neutralisiert wird (§§ 6b, 6c EStG).[64]

Auch Gewinne aus der Veräußerung geschlossener Komplexe von Wirtschaftsgütern können nach §§ 16 Abs. 4, 34 Abs. 1, Abs. 3 EStG begünstigt sein. Die objektbezogene Voraussetzung hierfür ist die Einstellung der gewerblichen Tätigkeit nach § 16 EStG, wobei dies durch Betriebsveräußerung (§ 16 Abs. 1 EStG) oder einer ihr gleichgestellten Betriebsaufgabe erfolgen kann (Fiktion des § 16 Abs. 3 S. 1 EStG).[65]

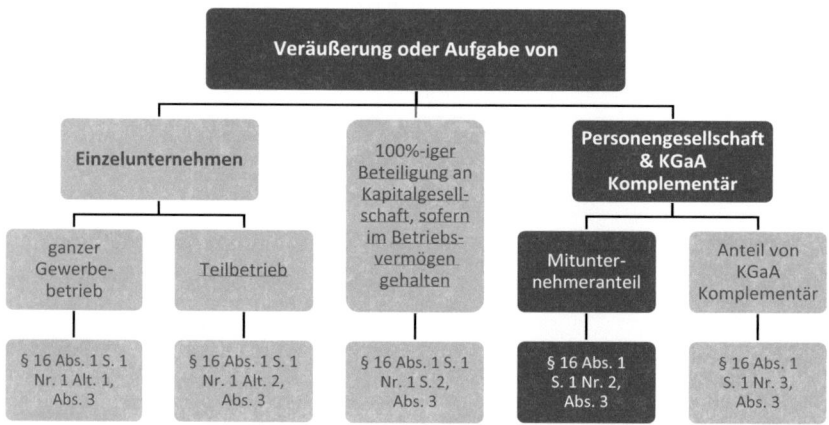

Abbildung 4: Tatbestände des § 16 EStG[66]

---

[62] BFH-Urteil vom 05.02.1969, I R 21/66, BStBl. II 1969, 334; BFH-Urteil vom 17.09.1987, III R 272/83, BStBl. II 1988, 441, Rn. 7.
[63] Realisationsprinzip nach § 252 Abs. 1 Nr. 4 HS 2 HGB als Ausdruck des Vorsichtsprinzips.
[64] *Birk, Desens & Tappe* (2013), StR, Rn. 832; *Niehus & Wilke* (2013), PersG, S. 186 – 188.
[65] *Geissler* (2015) in: H/H/R, EStG, § 16 Rn. 51; *Rose & Watrin* (2013), Ertragsteuern, S. 154 f.; *Wacker* (2015) in: Schmidt, EStG, § 16 Rn. 424; *Zenthöfer* (2013), ESt, S. 527.
[66] Eigene Darstellung in Anlehnung an *Pohl & Uhländer* (2015) in: Lippross/Seibel, EStG, § 16 Rn. 13.

Unabhängig der verschiedenen Sachverhalte setzt § 16 Abs. 1 S. 1 EStG die Erzielung von Einkünften aus Gewerbebetrieb[67] voraus, sodass der Verkäufer bereits vor der Veräußerung eine gewerbliche Tätigkeit ausgeübt haben muss. Auch Veräußerungs- bzw. Aufgabegewinne zählen nach § 16 Abs. 1 EStG zu den Einkünften aus Gewerbebetrieb, was nach der wohl h. M. nur deklaratorische Bedeutung hat,[68] denn sie würden als letzter betrieblicher Geschäftsvorfall ohnehin nach den allgemeinen Gewinnermittlungsvorschriften (§§ 4 Abs. 1, 5 Abs. 1 EStG) zu den gewerblichen Einkünften zählen.[69] Konstitutive Wirkung kommt dem § 16 Abs. 1 EStG nur insoweit zu, wie er den laufenden Gewinn vom begünstigten Veräußerungsgewinn abgrenzt.[70] Um die Steuervergünstigungen nach §§ 16, 34 EStG bei der Veräußerung einer Personengesellschaft zu erhalten, müssten neben der Gewerblichkeit die Tatbestandsvoraussetzungen des § 16 Abs. 1 S. 1 Nr. 2 EStG erfüllt sein.[71] Dabei wird die mitunternehmerische Anteilsveräußerung im Wesentlichen der einzelunternehmerischen (Teil-)Betriebsveräußerung gleichgestellt.[72]

I.   Veräußerung des gesamten Mitunternehmeranteils

Seit dem VZ 2002 gilt § 16 Abs. 1 S. 1 Nr. 2 EStG nur noch für den Verkauf des gesamten Mitunternehmeranteils. Nach § 16 Abs. 1 S. 2 EStG stellen nur anteilige Veräußerungen einen steuerlich nicht begünstigten laufenden Gewinn dar.[73]

1.   Tatbestandsvoraussetzungen nach § 16 Abs. 1 S. 1 Nr. 2 EStG

Korrespondierend zu § 15 Abs. 1 S. 1 Nr. 2 EStG, der die originär gewerblichen Einkünfte der Mitunternehmer einer Mitunternehmerschaft normiert, normiert § 16 Abs. 1 S. 1 Nr. 2 EStG, dass auch durch die Veräußerung von Anteilen einer solchen Mitunternehmerschaft gewerbliche Einkünfte „erzielt" werden. Somit liegt eine Mitunternehmeranteilsveräußerung vor, wenn der Veräußerer als Mitunternehmer i. S. d. § 15

---

[67]   Für Einkünfte aus Land- und Forstwirtschaft bzw. selbstständiger Arbeit gilt § 16 EStG in leicht modifizierter Form über §§ 14 S. 2, 18 Abs. 3 S. 2 EStG.
[68]   *Schallmoser* (2015) in: Blümich, EStG, § 16, Rn. 3 f.; *Zenthöfer* (2013), ESt, S. 528; a. A. *Geissler* (2015) in: H/H/R, EStG, § 16 Rn. 3, 50; *Kauffmann* (2015) in: Frotscher/Geurts, EStG, § 16 Rn. 11; zweifelnd auch *Hörger & Rapp* (2015) in: L/B/P, EStG, § 16 Rn. 2; *Reiß* (2014) in: K/S/M, EStG, § 16 Rn. A 24, C 1.
[69]. *Birk, Desens & Tappe* (2013), StR, Rn. 716; *Zenthöfer* (2013), ESt, S. 528.
[70]   *Wacker* (2015) in: Schmidt, EStG, § 16 Rn. 7; *Zenthöfer* (2013), ESt, S. 528.
[71]   *Geissler* (2015) in: H/H/R, EStG, § 16 Rn. 9, 50.
[72]   *Wacker* (2015) in: Schmidt, EStG, § 16 Rn. 400 m. V. a. BFH-Urteil vom 25.07.1979, I R 175/76, BStBl. II 1980, 43 Rn. 14.
[73]   *Rose & Watrin* (2013), Ertragsteuern, S. 160; *Wacker* (2015) in: Schmidt, EStG, § 16 Rn. 411.

Abs. 1 S. 1 Nr. 2 EStG (a) seinen gesamten gewerblichen Mitunternehmeranteil [(b), (c)] gegen Zahlung eines Entgelts (d) verkauft.[74]

a) Person des Veräußerers: Mitunternehmer i. S. d. § 15 Abs. 1 S. 1 Nr. 2 EStG

§ 16 Abs. 1 S. 1 Nr. 2 EStG nennt als Veräußerer explizit den Mitunternehmer und verweist hierzu durch einen Klammerzusatz auf § 15 Abs. 1 S. 1 Nr. 2 EStG. Daher ist der Begriff des Gesellschafters nicht im zivilrechtlichen Sinn zu verstehen, sondern nach den steuerrechtlichen Maßstäben des § 15 EStG. Verkäufer einer Personengesellschaft i. S. d. § 16 Abs. 1 S. 1 Nr. 2 EStG kann nur sein wer die steuerrechtliche Mitunternehmerstellung i. S. d. § 15 Abs. 1 S. 1 Nr. 2 EStG innehat. Die zivilrechtliche Gesellschafterstellung ist hierfür grds. erforderlich.[75] Ausnahmsweise ist sie aber entbehrlich, wenn dem wirtschaftlichen Eigentümer die tatsächliche Herrschaft über einen Gesellschaftsanteil zusteht, denn gem. § 39 Abs. 2 Nr. 1 AO ist ein Wirtschaftsgut demjenigen zuzurechnen, der die tatsächliche Herrschaft darüber ausübt.[76]

Die beiden zentralen Charakteristika des Typus des Mitunternehmers sind nach h. L. und ständiger Rechtsprechung, dass er nach dem Gesamtbild der Verhältnisse „zusammen mit anderen Personen eine Unternehmerinitiative (Mitunternehmerinitiative) entfalten kann und ein Unternehmerrisiko (Mitunternehmerrisiko) trägt."[77] Mitunternehmerinitiative erfordert eine Beteiligung am unternehmerischen Entscheidungsprozess, wie sie z. B. Geschäftsführern obliegt.[78] Dem Mitunternehmerrisiko setzt sich aus, wer in mit einem Unternehmer vergleichbarer Weise am Erfolg und Misserfolg des Unternehmens teilnimmt, d. h. er muss bei Ausscheiden aus der Gesellschaft oder ihrer Auflösung an den stillen Reserven des Unternehmens partizipieren – im positiven, wie auch negativen Sinn.[79] Wegen der ausdrücklichen Nennung der KG-Gesellschafter in § 15 Abs. 1 S. 1 Nr. 2 EStG konnte der BFH keine höheren Ansprüche an die Mitunternehmerstellung erheben als die Kommanditistenstellung nach §§ 161 – 177a HGB.

---

[74] *Patt* (2015) in: H/H/R, EStG, § 16 Rn. 270; *Schallmoser* (2015) in: Blümich, EStG, § 16 Rn. 221.
[75] BFH-Beschluss vom 25.06.1984, GrS 4/82, BStBl. II 1984, 751, Rn. 186 – 199.
[76] BFH-Urteil vom 16.05.1989, VIII R 196/84, BStBl. II 1989, 877; BFH-Urteil vom 28.09.1995, IV R 34/93, BFH/NV 1996, 314, Rn. 13 f. m. w. N.
[77] BFH-Beschluss vom 25.06.1984, GrS 4/82, BStBl. II 1984, 751, Rn. 195.
[78] BFH-Beschluss vom 25.06.1984, GrS 4/82, BStBl. II 1984, 751, Rn. 198; *Birk, Desens & Tappe* (2013), StR, Rn. 1114; *Niehus & Wilke* (2013), PersG, S. 49.
[79] BFH-Beschluss vom 25.06.1984, GrS 4/82, BStBl. II 1984, 751, Rn. 199; vgl. auch *Birk, Desens & Tappe* (2013), StR, Rn. 1113; *Niehus & Wilke* (2013), PersG, S. 48 f.

Gesellschafter sind daher Mitunternehmer, sofern ihre Rechte und Pflichten als Mindestmaß die Stellung eines Kommanditisten erreichen.[80] Eine nur sehr kurze Zugehörigkeitsdauer könnte bei der Beurteilung der Mitunternehmerstellung problematisch sein, wenn es eine Ausübung von Gesellschaftsrechten oder aber auch die Beteiligung an den stillen Reserven verhindert. Dies muss jedoch im Einzelfall im Detail entschieden werden und stellt keinen hinreichenden Beweis gegen die Mitunternehmerinitiative dar.[81] Dennoch sollte selbst eine nur zeitige Zugehörigkeit nicht voraussetzungsschädlich i. R. d. § 16 Abs. 1 S. 1 Nr. 2 EStG sein.[82]

Es ist ebenfalls unerheblich, ob die Person des Veräußerers unbeschränkt oder beschränkt steuerpflichtig ist. Bei unbeschränkt Steuerpflichtigen, deren Einkünfte nach dem Welteinkommensprinzip zu versteuern sind, erfüllen auch Veräußerungen von ausländischen Mitunternehmeranteilen den Tatbestand des § 16 EStG. Ein beschränkt steuerpflichtiger Steuerausländer erzielt aufgrund einer inländischen Betriebsstätte i. S. d. § 49 Abs. 1 Nr. 2. a EStG gewerbliche Einkünfte nach § 49 Abs. 1 Nr. 2 a i. V. m. § 2 Abs. 1 Nr. S. 2 EStG. Das deutsche Besteuerungsrecht erstreckt sich also nicht nur auf den laufenden Gewinn, sondern auch auf Veräußerungsgewinne aus dem Verkauf der Betriebsstätte. Somit fällt u. a. auch der Veräußerungsgewinn der Mitunternehmerbeteiligung des beschränkt Steuerpflichtigen unter die inländische Besteuerung.[83]

b) Veräußerungsgegenstand: gewerblicher Mitunternehmeranteil

Ein Mitunternehmer muss seinen gesamten Anteil an einer gewerblichen Mitunternehmerschaft veräußern. Das können zum einen Anteile an einer originär gewerblichen KG, OHG oder GbR sein. Aber auch Anteile an einer gewerblich infizierten Personengesellschaft, bei denen teilgewerbliche Einkünfte nach § 15 Abs. 3 Nr. 1 EStG zu vollumfänglich gewerblichen Einkünften führen[84] oder an einer Personengesellschaft ohne gewerbliche Tätigkeit, bei der die persönlich haftenden Gesellschafter ausschließlich juristische Personen sind und die Gesellschaft daher gewerblich geprägte Einkünfte i.

---

[80] *Birk, Desens & Tappe* (2013), StR, Rn. 1114; *Haep* (2015) in: H/H/R, EStG, § 15 Rn. 303, 309, 321.

[81] BFH-Urteil vom 16.05.2013, IV R 35/10, BFH/NV 2013, 1945, Rn. 17, 23 f., 28 nach FG-HH-Urteil vom 22.07.2010, 2 K 179/08, DStRE 2011, 734-738 2011, 734: BFH verwies Revision wegen materiell-rechtlichen Fehlern zur Detailprüfung und Entscheidung zurück an FG Hamburg FG; vgl. auch *Niehus & Wilke* (2013), PersG, S. 48 f.

[82] *Patt* (2015) in: H/H/R, EStG, § 16 Rn. 286.

[83] *Patt* (2015) in: H/H/R, EStG, § 16 Rn. 270; *Schallmoser* (2015) in: Blümich, EStG, § 16 Rn. 6 f.

[84] *Birk, Desens & Tappe* (2013), StR, Rn. 1117; *Hennrichs* (2013) in: Tipke/Lang, StR, § 10 Rn. 65.

S. d. § 15 Abs. 3 Nr. 2 EStG erzielt,[85] zählen zur Veräußerung eines Mitunternehmeranteils i. S. d. § 16 Abs. 1 S. 1 Nr. 2 EStG. Des Weiteren gehören hierzu auch die mitunternehmerische Innengesellschaft, wie die atypisch stille Gesellschaft und Gesellschafter einer „anderen Gesellschaft" i. S. d. § 15 Abs. 1 S. 1 Nr. 2 S. 1 HS 1 EStG.[86]

Der Mitunternehmeranteil umfasst zum einen das anteilige Eigentum an den Wirtschaftsgütern des Betriebsvermögens und zum anderen – nach ständiger BFH Judikatur[87] und h. L.[88] – auch das gesamte Sonderbetriebsvermögen des Mitunternehmers. Eine Unterscheidung zwischen Sonderbetriebsvermögen I und II hat für § 16 Abs. 1 S. 1 Nr. 2 EStG keine Relevanz.[89] Für eine Zugehörigkeit des Sonderbetriebsvermögens zum Mitunternehmeranteil sprechen insb. der Sinn und Zweck des § 15 Abs. 1 Satz 1 Nr. 2 EStG sowie der des Rechtsinstitutes `Sonderbetriebsvermögen´, den Mitunternehmer dem Einzelunternehmer soweit gleichzustellen, wie es die gesetzlichen Vorschriften erlauben.[90] Der Einzelunternehmer verfügt über kein Sonderbetriebsvermögen, denn diese Wirtschaftsgüter wären bei ihm notwendiges Betriebsvermögen.[91]

c)   Veräußerung als entgeltliche Eigentumsübertragung

Das Tatbestandsmerkmal der Veräußerung wird in § 16 nicht genauer erläutert. Veräußerung i. S. d. § 16 Abs. 1 EStG erfordert eine entgeltliche Eigentumsübertragung, wobei nicht die zivilrechtliche Übertragung entscheidend ist, sondern auf die wirtschaftliche Betrachtungsweise des § 39 AO abzustellen ist. Problematisch könnte dies sein, wenn ein Mitunternehmer bspw. zivilrechtlich zwar seinen Anteil an den Erwerber abtritt, aber weiterhin wirtschaftlicher Eigentümer i. S. d. § 39 Abs. 2 Nr. 1 AO bleibt, wodurch der Tatbestand des § 16 Abs. 1 S. 1 Nr. 2 EStG nicht erfüllt wäre.[92] Die Voraussetzung der Entgeltlichkeit für Veräußerungen i. S. d. § 16 Abs. 1 EStG ergibt sich aus § 16 Abs. 2 S. 1 EStG, der die Ermittlung des Veräußerungsgewinns normiert. Des Weiteren ergibt sie sich aus dem Sinn und Zweck des § 16 Abs. 1 EStG, der nämlich gerade als Begünstigungsvoraussetzung die Aufdeckung stiller Reserven

---

[85]   *Birk, Desens & Tappe* (2013), StR, Rn. 1119; *Lüer* (2015) in: Lippross/Seibel, EStG, § 15 Rn. 261 – 264; *Bitz* (2015) in: L/B/P, EStG, § 15 Rn. 169 – 179.
[86]   *Patt* (2015) in: H/H/R, EStG, § 16 Rn. 290; *Wacker* (2015) in: Schmidt, EStG, § 16 Rn. 404 – 406.
[87]   Vgl. bspw. BFH-Urteil vom 02.10.1997, IV R 84/96, BStBl. II 1998, 104 Rn. 10.
[88]   Vgl. *Bode* (2015) in: Blümich, EStG, § 15 Rn. 241 – 244; *Kauffmann* (2015) in: Frotscher/Geurts, EStG, § 16 Rn. 126; *Hörger & Rapp* (2015) in: L/B/P, EStG, § 16 Rn. 146; *Reiß* (2014) in: K/S/M, EStG, § 16 Rn. C 47; *Wacker* (2015) in: Schmidt, EStG, § 16 Rn. 407.
[89]   *Patt* (2015) in: H/H/R, EStG, § 16 Rn. 292; *Wacker* (2015) in: Schmidt, EStG, § 16 Rn. 407 m. V. a. *Wacker* (2015) in: Schmidt, EStG, § 15 Rn. 507 – 510.
[90]   *Patt* (2015) in: H/H/R, EStG, § 16 Rn. 292.
[91]   BFH-Urteil vom 19.03.1991, VIII R 76/87, BStBl. II 1991, 635 Rn. 12.
[92]   *Patt* (2015) in: H/H/R, EStG, § 16 Rn. 287, 289.

vom laufenden Gewinn abgrenzen soll.[93] Damit die Übertragung von Mitunternehmeranteilen als Betriebsveräußerung i. S. d. § 16 Abs. 1 EStG qualifiziert werden kann, müsste sie daher entgeltlich oder teilentgeltlich erfolgen.[94] Das Entgelt kann mit einer einmaligen Zahlung (i) bewirkt werden oder durch wiederkehrende Bezüge (ii) erfolgen.

Allerdings ist auch eine unentgeltliche Übertragung denkbar, bspw. im Erbfall. Bei einer OHG oder KG führt der Tod eines Gesellschafters nach § 131 Abs. 3 S. 1 Nr. 1 HGB nicht zur Auflösung der Gesellschaft, die § 727 Abs. 1 BGB für eine GbR ohne Fortsetzungsklausel anordnet. Das Vermögen des Erblassers geht durch Universalsukzession gem. § 1922 BGB auf den Erben bzw. die Erbengemeinschaft i. S. d. §§ 2032 – 2057a BGB über.[95] Steuerrechtlich wird hierbei weder ein Veräußerungsgewinn i. S. d. § 16 Abs. 1 EStG noch ein Aufgabegewinn i. S. d. § 16 Abs. 3 EStG realisiert, sondern die unentgeltliche Übertragung vollzieht sich nach § 6 Abs. 3 EStG bei Buchwertfortführung durch den Rechtsnachfolger. Gleiches gilt auch für eine unentgeltliche Übertragung i. R. d. vorweggenommenen Erbfolge unter Lebenden.[96]

(i)   Veräußerung gegen einmaliges Entgelt

Als Entgelt wird jede geldwerte Leistung, die der Erwerber dem Veräußerer zuwendet, angesehen. Hierbei ist es entscheidend, dass ein kausaler Zusammenhang zwischen Leistung (der Eigentumsübertragung) und Gegenleistung (dem Entgelt) besteht; die Gegenleistung muss gerade wegen der Leistung erbracht werden.[97] Die Art der Gegenleistung ist unerheblich: Es könnte sich um Geld wie bei einem Kaufvertrag (§ 433 Abs. 2 BGB) handeln, aber auch um andere Wirtschaftsgüter wie bei einem Tausch (§ 480 BGB). Der Veräußerung muss aber ein geldwerter Vermögenszugang beim Veräußerer gegenüberstehen.[98] Als Erfüllungssurrogat kommen die Übernahme von Schulden durch den Erwerber oder die Tilgung betrieblicher bzw. privater Verbind-

---

[93]   *Patt* (2015) in: H/H/R, EStG, § 16 Rn. 287 f.; *Schallmoser* (2015) in: Blümich, EStG, § 16 Rn. 20.
[94]   BFH-Urteil vom 22.09.1992, VIII R 7/90, BStBl. II 1993, 228, Rn. 18 m. V. a. BFH-Urteil vom 16.10.1984, VIII R 299/81, BFH/NV, Rn, 16; *Wacker* (2015) in: Schmidt, EStG, § 16 Rn. 20.
[95]   *Alpmann* (2014), GesellschaftsR, Rn. 304 -307; *Reiß* (2015) in: Kirchhof, EStG, § 16 Rn. 163 – 166.
[96]   *Reiß* (2015) in: Kirchhof, EStG, § 16 Rn. 167, 178 f., 187; *Schallmoser* (2015) in: Blümich, EStG, § 16 Rn. 226; *Wacker* (2015) in: Schmidt, EStG, § 16 Rn. 430.
[97]   Zivilrechtlich würde man von einem synallagmatischen Austauschverhältnis sprechen. Die Leistung wird nur deshalb erbracht wird, um die Gegenleistung zu erhalten; Prinzip des *„do ut des"*, dt.: Ich gebe, damit du gibst (vgl. *Dullinger* (2010), SchuldR-AT, Rn. 1/9 f.).
[98]   *Geissler* (2015) in: H/H/R, EStG, § 16 Rn. 70 f.; *Reiß* (2015) in: Kirchhof, EStG, § 16 Rn. 71 f.; *Wacker* (2015) in: Schmidt, EStG, § 16 Rn. 20 f., 24.

lichkeiten des Veräußerers an Erfüllung statt (§ 364 Abs. 1 BGB) oder erfüllungshalber (§ 364 Abs. 2 BGB) in Frage.[99] Bei der unentgeltlichen Übertragung fehlt gerade dieser geldwerte Vermögenszugang, sodass es durch den Vermögensabgang des Veräußerers zu einer einseitigen Entreicherung um den Übertragungsgegenstand kommt.

Bei einer signifikanten Divergenz zwischen dem Verkehrswert der übertragenen Vermögensgegenstände und der Gegenleistung liegt eine teilentgeltliche Veräußerung i. S. d. § 16 Abs. 1 EStG vor. Bei der Übertragung von Privatvermögen wäre sie in Relation des Verkehrswertes zur Gegenleistung in einen voll entgeltlichen und einen voll unentgeltlichen Teil aufzuspalten (sog. Trennungstheorie).[100] Eine solche Aufteilung der teilentgeltliche Veräußerung i. S. d. § 16 Abs. 1 EStG erfolgt nach der h. M. bei Unternehmensübertragungen aber gerade nicht, denn die Übertragung stellt einen einheitlichen Vorgang dar (sog. Einheitstheorie): Überschreitet der Veräußerungspreis den Netto-Buchwert der übertragenen Sachgesamtheit, so erfolgt die Übertragung voll entgeltlich; im umgekehrten Fall liegt ein voll unentgeltlicher Vorgang vor.[101]

(ii) Veräußerung gegen wiederkehrende Bezüge

Neben der Veräußerung gegen eine einmalige Gegenleistung ist auch die Veräußerung gegen wiederkehrende Leistungen (sog. Gegenleistungsrente) möglich. Hierbei ist zu unterscheiden, ob es sich um eine Rentenzahlung unter Fremden (sog. Veräußerungsrente) oder eine Vermögensübertragung gegen (private) Versorgungsleistungen (sog. Vorsorgerente) handelt. Letzteres würde keine Veräußerung darstellen, da der Versorgungsgedanke im Vordergrund steht. Es handelt sich trotz der Zahlung von Versorgungsbezügen nach der Rechtsprechung um eine unentgeltliche Betriebsübertragung nach § 6 Abs. 3 S. 1 EStG bei Buchwertfortführung.[102] Unter Fremden wird die Veräußerung vermutet, wohingegen unter Familienangehörigen[103] eine nur (schwer) wi-

---

[99] *Reiß* (2015) in: Kirchhof, EStG, § 16 Rn. 75; *Wacker* (2015) in: Schmidt, EStG, § 16 Rn. 21, 35.
[100] BFH-Urteil vom 17.07.1980, IV R 15/76, BStBl. II 1981, 11, Rn. 12 f.; BMF-Schreiben vom 13.01.1993, IV B 3 - S 2190 - 37/92, BStBl. I 1991, 80, Rn. 14; *Geissler* (2015) in: H/H/R, EStG, § 16 Rn. 76; *Wacker* (2015) in: Schmidt, EStG, § 16 Rn. 39.
[101] Vgl. *Wacker* (2015) in: Schmidt, EStG, § 16 Rn. 39, 58 m. w. N.; vgl. auch *Pohl & Uhländer* (2015) in: Lippross/Seibel, EStG, § 16 Rn, 51 f.; kritisch *Kauffmann*, der die „Gründe für eine unterschiedliche Behandlung der teilentgeltlichen Veräußerung im Privatvermögens- oder Betriebsvermögensbereich (für) nicht stichhaltig" hält (*Kauffmann* (2015) in: Frotscher/Geurts, EStG, § 16 Rn. 65).
[102] BFH-Beschluss vom 12.05.2003, GrS 1/00, BStBl. II 2004, 95, Rn. 25 – 27; *Reiß* (2015) in: Kirchhof, EStG, § 16 Rn. 78 f., 126; *Schallmoser* (2015) in: Blümich, EStG, § 16 Rn. 300, 330 f.
[103] Hierzu zählen grds. Kinder und Ehegatten sowie Verwandte i. S. d. § 1601 BGB, in Ausnahmefällen auch Familienfremde (vgl. BFH-Urteil vom 16.12.1997, IX R 11/94, BStBl. II 1998, 718, Rn. 16).

derlegbare Vermutung gegen die Veräußerung und für die Versorgungsleistung besteht.[104] Um diese Vermutung zu wiederlegen müsste ein Steuerpflichtiger substantiiert darlegen, dass Leistung und Gegenleistung in kaufmännischer Weise ausgehandelt wurden und beide Parteien eine subjektive Gleichwertigkeit beider Leistungen annehmen durften, selbst wenn sie objektiv ungleichwertig sind.[105]

d) Umfang der Veräußerung: gesamter Mitunternehmeranteil

Seit dem 01.01.2002 muss der gesamte Mitunternehmeranteil veräußert werden, um den Tatbestand des § 16 Abs. 1 S. 1 Nr. 2 EStG zu erfüllen, wobei der Wortlaut keine Bagatellgrenzen gestattet. Eine Anteilsveräußerung i. S. d. § 16 Abs. 1 S. 1 Nr. 2 EStG liegt nur vor, wenn der Mitunternehmer alle seine Rechte an der Personengesellschaft mit allen dazugehörigen, ihm anteilig zustehenden wesentlichen Betriebsgrundlagen (i) in einem einheitlichen Vorgang (ii) veräußert, sodass er aus der Gesellschaft ausscheidet (iii).[106]

(i) Wesentliche Betriebsgrundlage

Zunächst ist daher zu klären, was die wesentliche Betriebsgrundlage einer gewerblichen Mitunternehmerschaft darstellt.

(1) *Wesentliche Betriebsgrundlage i. S. d. funktional-quantitativen Betrachtungsweise*

Die Auslegung dieses Begriffs erfolgte insb. von der Rechtsprechung lange Zeit i. S. e. quantitativen Betrachtungsweise, wohingegen die funktionale Betrachtungsweise von der h. L. präferiert wurde.[107] Nach der quantitativen Betrachtungsweise umfasst die wesentliche Betriebsgrundlage alle Wirtschaftsgüter, in denen erhebliche stille Reserven gebunden sind, wobei es auf ihre Absolute Höhe ankommt. Es ist nicht relevant, ob bzw. wie wichtig der jeweilige Vermögensgegenstand für den Produktionsprozess ist.[108] Die funktionale Betrachtungsweise stellt bei der Wesentlichkeitsprüfung auf die Bedeutung des einzelnen Vermögensgegenstandes i. R. d. Betriebsablaufs ab, sodass ihm ein besonderes wirtschaftliches Gewicht bei der Erreichung des Betriebszwecks

---

[104] BMF-Schreiben vom 11.03.2010, IV C 3 - S 2221/09/10004, BStBl. II 2010, 227, Rn. 5 f.; BMF-Schreiben vom 26.08.2002, IV C 3 - S 2255 - 420/02, BStBl. I 2002, 893, Rn. 4, 4a.

[105] BFH-Urteil vom 29.01.1992, X R 193/87, BStBl. II 1992, 465, Rn. 15 – 18; *Brück* (2010) in: Brück/Sinewe, Unternehmenskauf, § 4 Rn. 34: *Reiß* (2015) in: Kirchhof, EStG, § 16 Rn. 78.

[106] *Patt* (2015) in: H/H/R, EStG, § 16 Rn. 293 f.

[107] *Hörger & Rapp* (2015) in: L/B/P, EStG, § 16Rn. 27 f.; *Brück* (2010) in: Brück/Sinewe, Unternehmenskauf, § 4 Rn. S. 7 f.; *Schallmoser* (2015) in: Blümich, EStG, § 16, Rn. 151.

[108] BFH-Urteil vom 30.10.1974, I R 40/72, BStBl. II 1975, 232, Rn. 16 – 19.

zukommen muss. Ihr Ausscheiden würde eine nicht ganz unerhebliche Störung im gewöhnlichen Betriebsablauf verursachen. Es ist unerheblich, ob bei den entsprechenden Gegenständen stille Reserven vorhanden sind oder nicht. Entscheidend ist nur, ob der Vermögensgegenstand für die Betriebsfortführung unerlässlich ist.[109]

Zwar führt die funktionale Betrachtungsweise m. E. zu einer zutreffenderen und wortlautgetreueren Auslegung des Terminus „Betriebsgrundlage", denn nur elementar dem Unternehmensziel dienende Vermögensgegenstände werden bei dieser Variante unter die wesentliche Betriebsgrundlage subsumiert. Die Betrachtung erfolgt unabhängig der Höhe etwaiger stiller Reserven, denn es ist m. E. nicht ersichtlich, was ein – z. B. ungenutztes oder funktional nicht notwendiges – Wirtschaftsgut lediglich aufgrund hoher stiller Reserven zu einer „wesentlichen" Grundlage der Mitunternehmerschaft qualifiziert. Mithin sollte bei ihrer Zurückbehaltung eine Steuervergünstigung auch nicht an der Tatbestandsvoraussetzung `wesentliche Betriebsgrundlage´ scheitern.[110]

Dennoch kann die Entscheidung des Meinungsstreits dahinstehen, da er ohnehin durch die (neuere) BFH-Judikatur mit einer Vereinigung beider Ansätze zur (additiv) funktional-quantitativen Betrachtungsweise `gelöst´ wurde. Hiernach umfasst die wesentliche Betriebsgrundlage neben Wirtschaftsgütern, die „zur Erreichung des Betriebszwecks erforderlich"[111] sind, also wesentlich i. S. d. funktionalen Betrachtung, auch Wirtschaftsgüter, „die funktional gesehen für den Betrieb nicht erforderlich sind, in denen aber (quantitativ gesehen) erhebliche stille Reserven ruhen"[112]. Begründet wird dies mit dem Sinn und Zweck der §§ 16, 34 EStG. Durch die nach §§ 16 Abs. 4, 34 EStG gewährte Steuerbegünstigung soll die Belastung bei der „zusammengeballten Aufdeckung aller stillen Reserven"[113] hinsichtlich der Tarifprogression abgemildert werden, weshalb die Wesentlichkeit auch im Zeitpunkt der Anteilsveräußerung beurteilt werden muss.[114] Eine Zurückbehaltung von quantitativ wesentlichen Vermögens-

---

[109] *Pohl & Uhländer* (2015) in: Lippross/Seibel, EStG, § 16 Rn. 59; *Zenthöfer* (2013), ESt, S. 531; *Reiß* (2015) in: Kirchhof, EStG, § 16 Rn. 49 f.; *Schallmoser* (2015) in: Blümich, EStG, § 16, Rn. 151.
[110] Die steuerbegünstigte Veräußerung sollte m. E erst in einem späteren bzw. separaten Prüfungsschritt durch die zeitlich getrennte Aufdeckung aller stillen Reserven (z. B. i. R. d. Gesamtplanrechtsprechung) am verständlichen Sinn und Zweck der §§ 16 Abs. 4, 34 EStG scheitern. Inhaltlich dürfte dieses Prüfungsschema jedoch zu gleichen Ergebnissen führen wie die funktional-quantitative Betrachtungsweise.
Allgemein zweifelnd an BFH Rechtsprechung auch *Hörger & Rapp* (2015) in: L/B/P, EStG, § 16 Rn. 30.
[111] BFH-Urteil vom 13.02.1996, VIII R 39/92, BStBl. II 1996, 409, Rn. 26.
[112] BFH-Urteil vom 13.02.1996, VIII R 39/92, BStBl. II 1996, 409, Rn. 27, vgl. auch Rn. 26.
[113] BFH-Urteil vom 13.02.1996, VIII R 39/92, BStBl. II 1996, 409, Rn. 27 m. w. N. früherer BFH-Urteile gl. A. zu Sinn und Zweck der §§ 16 Abs. 1, 34 EStG.
[114] *Patt* (2015) in: H/H/R, EStG, § 16 Rn. 296.

gegenständen würde gerade diesem Sinn und Zweck widersprechen, da hohe stille Reserven eben nicht aufgedeckt würden und einen geringeren Anstieg der Tarifprogression auslösen würden. Die Rechtsprechung kombiniert also die tätigkeitsbezogene Auslegung der funktionalen Betrachtung mit der gut nachvollziehbaren Teleologie der §§ 16, 34 EStG der quantitativen Betrachtungsweise.[115]

Nach diesem weiten Betriebsbegriff fallen nur nicht funktionswesentliche Vermögensgegenstände ohne bzw. mit nur niedrigen stillen Reserven aus der wesentlichen Betriebsgrundlage heraus.[116] Eine Zurückbehaltung von ihnen würde die steuerlich begünstigte Veräußerung des Mitunternehmeranteils nicht gefährden.[117]

(2) Wesentliche Betriebsgrundlage i. S. d. § 24 UmwStG

Im Steuerrecht existieren verschiedene Betriebsbegriffe. So wird die wesentliche Betriebsgrundlage i. S. d. § 24 Abs. 1 UmwStG[118] – anders als bei § 16 Abs. 1 EStG – nur nach der funktionalen Betrachtungsweise bestimmt.[119] Der Grund hierfür ist ein anderer Sinn und Zweck der Norm. Zwar gewährt § 24 Abs. 2 S. 1 UmwStG ebenfalls eine Steuerbegünstigung, da er ein Wahlrecht zur Buchwertfortführung und der damit verbundenen Vermeidung einer gewinnrealisierenden Aufdeckung stiller Reserven normiert.[120] Er privilegiert den Einbringungstatbestand von Betriebsvermögen oder Mitunternehmeranteilen in eine Personengesellschaft, wodurch (internationale) Unternehmensumstrukturierungen erleichtert werden sollen. Daneben soll im EU-Kontext einerseits auch eine Doppelbesteuerung von stillen Reserven vermieden werden und andererseits auch ihre Besteuerung sichergestellt werden.[121] Dieser Telos unterscheidet sich deutlich vom Sinn und Zweck der §§ 16, 34 EStG. Ein (zu) weiter Betriebsbegriff und somit eine (zu) restriktive Gewährung der Vergünstigung nach § 24 Um-

---

[115] *Geissler* (2015) in: H/H/R, EStG, § 16 Rn. 121; *Reiß* (2015) in: Kirchhof, EStG, § 16 Rn. 49.

[116] *Herlinghaus* (2014), FR, S. 442; *Hörger & Rapp* (2015) in: L/B/P, EStG, § 16 Rn. 36 – 40.

[117] *Patt* (2015) in: H/H/R, EStG, § 16 Rn. 239; *Wacker* (2015) in: Schmidt, EStG, § 16 Rn. 122.

[118] Die Einbringung eines Betriebes in eine Personengesellschaft nach § 24 Abs. 1 UmwStG kann laut *Rasche* als ein begrifflicher Unterfall der Betriebsveräußerung i. S. d. § 16 Abs. 1 EStG angesehen werden (vgl. *Rasche* (2013) in: R/H/vL, UmwStG, § 24 Rn. 31). *Rasche* plädiert daher für eine Übernahme des Begriffsverständnisses aus § 16 Abs. 1 EStG für § 24 Abs. 1 UmwStG (*Rasche* (2013) in: R/H/vL, UmwStG, § 24 Rn. 33, 36).

[119] So BFH (vgl. BFH-Urteil vom 16.12.2009, I R 97/08, BStBl. II 2010, 808, LS 1, Rn. 14) und BMF (vgl. BMF-Schreiben vom 16.08.2000, IV C 2-S 1909-23/00, BStBl. I 2000, 1253) nach obiter dictum bei BFH-Urteil vom 02.10.1997 (*Rasche* (2013) in: R/H/vL, UmwStG, § 24 Rn. 34).

[120] *Rasche* (2013) in: R/H/vL, UmwStG, § 24 Rn. 67; *Schlößer & Schley* (2015) in: Haritz/Menner, UmwStG, § 24 Rn. 102.

[121] BT-Drucksache (2006), 16/2710, S. 25, 27; *Rasche* (2013) in: R/H/vL, UmwStG, § 24 Rn. 6 – 8; *Schlößer & Schley* (2015) in: Haritz/Menner, UmwStG, § 24 Rn. 5.

wStG könnten Unternehmensumstrukturierungen erschweren und als Wettbe-werbshindernis das wirtschaftliche Wachstum beeinträchtigen. Folglich ist die nur funktionale Bestimmung der Betriebsgrundlage plausibel.

Wenn die Umwandlungs- bzw. Einbringungstatbestände der §§ 20 bis 24 UmwStG erfüllt sind, verdrängen sie als leges speciales grds. die begünstigte Besteuerung nach §§ 16 Abs. 4, 34 Abs. 1, Abs. 3 EStG (§ 24 Abs. 3 UmwStG).[122] Die Einbringung i. S. d. § 24 UmwStG ist von einer Veräußerung abzugrenzen. Sie ist zwar ein tauschähn-licher Vorgang i. S. d. § 16 Abs. 1 EStG, da sie gegen Gewährung von Gesellschafter-rechten erfolgt. Der einbringende Gesellschafter wird neuer Gesellschafter an der auf-nehmenden Gesellschaft.[123] Aber eben dies konterkariert den vollständigen Rechtsträ-gerwechsel den eine Veräußerung voraussetzt.[124]

(3)   ***Wesentliche Betriebsgrundlage bei Personengesellschaften***

In der konkreten Anwendung der §§ 16, 34 EStG müssen die einzelnen Wirtschafts-güter auf ihre Wesentlichkeit i. S. d. funktional-quantitativen Betrachtungsweise ge-prüft werden, was bei einer Personengesellschaft das Gesamthandsvermögen der Mit-unternehmerschaft sowie das Sonderbetriebsvermögen des verkaufenden Gesellschaf-ters umfasst. Voraussetzungsschädlich – und daher von hoher praktischer Relevanz[125] – ist die Zurückbehaltung von Teilen der wesentlichen Betriebsgrundlage. Zunächst sind regelmäßig Grundstücke, selbst wenn sie nicht genutzt werden, quantitativ und oft auch funktionale wesentliche Wirtschaftsgüter. Funktional wesentlich sind vor al-lem Vermögensgegenstände des Anlagevermögens, bspw. Betriebsgrundstücke und Betriebsanlagen, aber auch der Kundenstamm oder immaterielle Wirtschaftsgüter kön-nen zur funktional wesentlichen Betriebsgrundlage zählen.[126]

Bei notwendigem (Sonder-)Betriebsvermögen deutet bereits die Bezeichnung an, dass es sich um funktional wichtige Wirtschaftsgüter handeln könnte, die auch zur wesent-lichen Betriebsgrundlage nach der funktionalen Betrachtungsweise gehören, wenn sie ein besonderes Gewicht i. R. d. des Betriebsablaufs haben oder quantitativ wesentlich

---

[122] Allgemeine juristische Konkurrenzregel: „Lex specialis derogat legi generali".
    Geissler (2015) in: H/H/R, EStG, § 16 Rn. 100; *Rasche* (2013) in: R/H/vL, UmwStG, § 24 Rn. 13; *Schlößer & Schley* (2015) in: Haritz/Menner, UmwStG, § 24 Rn. 164.
[123] *Rasche* (2013) in: R/H/vL, UmwStG, § 24 Rn. 60.
[124] *Haritz & Menner* (2015), UmwStG, § 24 Rn. 62; *Patt* (2015) in: H/H/R, EStG, § 16 Rn. 289; *Reiß* (2015) in: Kirchhof, EStG, § 16 Rn. 66 – 70.
[125] *Adolf* (2010) in: Brück/Sinewe, Unternehmenskauf, § 4 Rn. 58, 63.
[126] *Reiß* (2015) in: Kirchhof, EStG, § 16 Rn. 50; *Wacker* (2015) in: Schmidt, EStG, § 16 Rn. 103 f.
    Weitere Beispiele siehe *Geissler* (2015) in: H/H/R, EStG, § 16 Rn. 122 sowie das ABC der wesent-lichen Betriebsgrundlagen von *Hörger & Rapp* (2015) in: L/B/P, EStG, § 16 Rn. 31.

sind, wenn sie hohe stille Reserven enthalten. Das notwendige Sonderbetriebsvermögen gehört auch dann zur wesentlichen Betriebsgrundlage des Mitunternehmeranteils, wenn es fälschlicherweise nicht als solches identifiziert wurde und daher auch nicht bilanziert wurde, denn für die Eigenschaft kommt es bei notwendigem Sonderbetriebsvermögen nicht auf einen bilanziellen Ausweis an.[127] Fraglich ist allerdings, wie Wirtschaftsgüter des gewillkürten Sonderbetriebsvermögens zu behandeln sind. Hierzu zählen Vermögensgegenstände, die „objektiv geeignet und subjektiv dazu bestimmt sind, den Betrieb der Gesellschaft (Sonderbetriebsvermögen I) oder die Beteiligung des Gesellschafters (Sonderbetriebsvermögen II) zu fördern."[128] Da ihre betriebliche Nutzung (nur) zwischen 10 % und 50 % liegt (R 4.2 Abs. 1 S. 6 EStR), sind Wirtschaftsgüter des gewillkürten Sonderbetriebsvermögens qua Definition nicht wesentlich im funktionalen Sinn.[129] Sofern sie erhebliche stille Reserven enthalten, sind sie dennoch wesentlich im Sinne der quantitativen Betrachtungsweise. Folglich sind die Voraussetzungen des § 16 Abs. 1 S. 1 Nr. 2 EStG nur erfüllt, wenn auch das gesamte funktional-quantitativ wesentliche Sonderbetriebsvermögen auf den Erwerber des Mitunternehmeranteils übertragen wird oder an die verbleibenden Mitunternehmer veräußert wird.[130]

Der Gewinn aus der Aufdeckung stiller Reserven durch den alleinigen Verkauf von Vermögensgegenständen des wesentlichen Sonderbetriebsvermögens ohne den gesamten Gesellschaftsanteil stellt allgemein zu versteuernden, laufenden Gewinn dar.[131] Sofern der Veräußerer Wirtschaftsgüter des funktional-quantitativ wesentlichen Sonderbetriebsvermögens zurückbehält und steuerneutral nach § 6 Abs. 5 S. 1 oder S. 2 EStG in ein anderes (Sonder-)Betriebsvermögen überführt, liegen nach Auffassung der FinV (H 16 Abs. 4 EStH) die Tatbestandsvoraussetzungen einer begünstigten Veräußerung oder Aufgabe nicht vor. In diesem Punkt widerspricht der BFH der FinV, denn die „Privilegierungen nach § 6 Abs. 5 EStG und § 6 Abs. 3 EStG stehen nach dem Wortlaut des Gesetzes gleichberechtigt nebeneinander"[132], sodass beide Absätze unabhängig voneinander und sogar gleichzeitig zur Anwendung kommen können. Als

---

[127] BFH-Urteil vom 13.02.2008, I R 63/06;, BStBl. II 2009, 414, Rn. 20 m. w. N.; BFH-Urteil vom 06.03.2003, XI R 52/01, BStBl. II 2003, 658, Rn. 17 f.; *Patt* (2015) in: H/H/R, EStG, § 16 Rn. 296.
[128] R 4.2 Abs. 2 S. 3 EStR; siehe auch BFH-Urteil vom 07.07.1992, VIII R 2/87, BStBl. II 1993, 328, Rn. 29.
[129] *Bode* (2015) in: Blümich, EStG, § 15 Rn. 459, 461b – 462; *Schneider* (2015) in: H/H/R, EStG, § 15 Rn. 750; *Wacker* (2015) in: Schmidt, EStG, § 15 Rn. 527 – 530; a. A. *Reiß* (2015) in: Kirchhof, EStG, § 15 Rn. 327: Gewillkürtes Sonderbetriebsvermögen sei „nur für Sonderbetriebsvermögen II oder gemischt genutzte Wirtschaftsgüter" denkbar.
[130] Vgl. z. B. *Wacker* (2015) in: Schmidt, EStG, § 16 Rn. 412, 414.
[131] *Hörger & Rapp* (2015) in: L/B/P, EStG, § 16 Rn. 208; *Reiß* (2014) in: K/S/M, EStG, § 16 Rn. C 49.
[132] BFH-Urteil vom 02.08.2012, IV R 41/11, BFH/NV 2012, 2053, Rn. 19.

Rechtsfolge ermöglicht es eine steuerneutrale Übertragung zu Buchwerten, weshalb eine begünstigte Betriebsaufgabe i. S. d. § 16 Abs. 3 i. V. m. § 16 Abs. 1 S. 1 Nr. 2 EStG gleichwohl möglich sein könnte.[133]

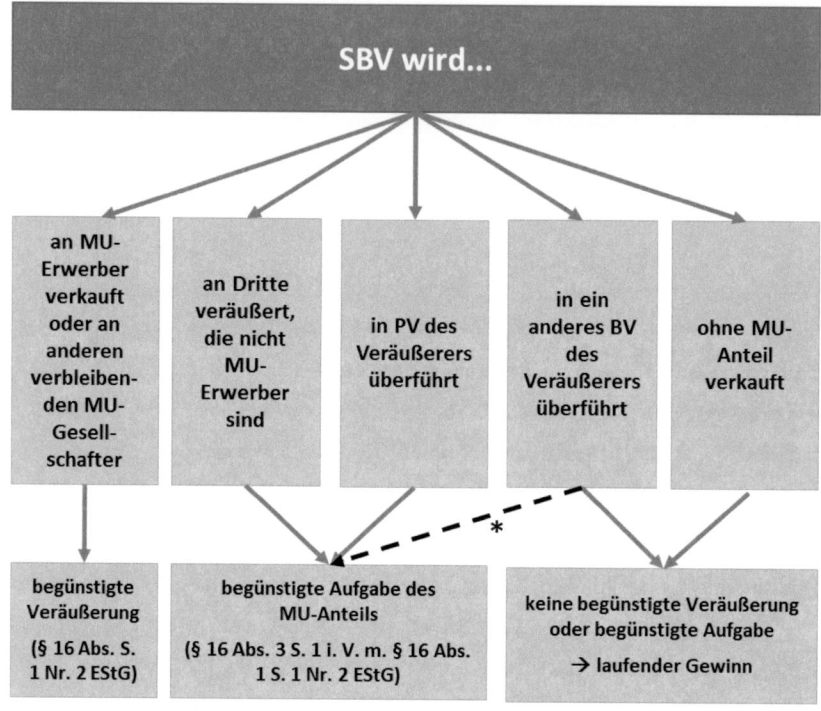

* BFH-Urteil vom 02.08.2012, IV R 41/11, *BFH/NV* 2012, 2053, Rn. 18 – 20.

Abbildung 5: Übersicht zur Behandlung des Sonderbetriebsvermögens[134]

Die FinV hält entgegen der gelockerten BFH Rechtsprechung bis auf weiteres an ihrer Rechtsauffassung fest.[135] Wenn wesentliche Betriebsgrundlage zurückbehalten und bei gewinnrealisierender Aufdeckung der stillen Reserven ins Privatvermögen über- tragen oder an einen Dritten, gesellschaftsfremden Erwerber verkauft werden, so liegt keine begünstigte Veräußerung, sondern eine nach gleichen Maßstäben begünstigte

---

[133] BFH-Urteil vom 02.08.2012, IV R 41/11, BFH/NV 2012, 2053, Rn. 19, 32 f., 39; *Wacker* (2015) in: Schmidt, EStG, § 16 Rn. 113, 414.

[134] Die grauen Pfeile stellen die Auffassung der FinV nach H 16 Abs. 4 EStH dar. Der schwarze, ge- strichelte und mit Sternchen gekennzeichnete Pfeil stellt die Abweichende Meinung des BFH i. R. d. Gesamtplanrechtsprechung dar (BFH-Urteil vom 02.08.2012, IV R 41/11, BFH/NV 2012, 2053, Rn. 18 – 20).

[135] BMF-Schreiben vom 08.08.2013, IV C 6 - S 2241/10/10002, BStBl. II 2013, 1164, jeweils Nr. 2.

Aufgabe des Mitunternehmeranteils nach § 16 Abs. 3 i. V. m. § 16 Abs. 1 S. 1 Nr. 2 EStG vor.[136]

Dies kann hinsichtlich einer § 6b-Rücklage zu Problemen führen.[137] Nach Auffassung der FinV scheidet eine begünstigte Betriebsveräußerung aus, wenn eine nach § 6b EStG gebildete Rücklage stille Reserven aus dem Verkauf einer funktional-quantitativ wesentlichen Betriebsgrundlage enthält und sie nach der Betriebsveräußerung fortgeführt wird, da sie die Aufdeckung aller stillen Reserven verhindert (R 6b.2 Abs. 10 S. 3 EStR). Die Auflösung dieser Rücklage würde den Veräußerungsgewinn erhöhen (R 6b.2 Abs. 10 S. 5 EStR). Hingegen vertritt *Geissler* die Meinung, die Fortführung einer § 6b-Rücklage sei nur schädlich, wenn sie der Veräußerung quantitativ wesentlicher Wirtschaftsgüter entspringe, denn dann wäre sie wegen der gespeicherten stillen Reserven selbst eine wesentliche Betriebsgrundlage i. S. d. quantitativen Betrachtung.[138] Diese Auffassung klingt plausibel: Eine Reinvestitionsrücklage könnte zwar genutzt werden, um funktional wesentliche Betriebsgrundlagen anzuschaffen bzw. zu erneuern. Ob sie deshalb selbst zu einem funktional wesentlichen Wirtschaftsgut wird, kann m. E. allerdings dahinstehen, denn sofern sie durch den Verkauf quantitativ wesentlicher Betriebsgrundlagen entstanden ist enthält sie hohe stille Reserven und ist, wie *Geissler* selbst meint, quantitativ wesentlich. Eine nur sehr niedrige § 6b-Rücklage aus der Veräußerung nur funktional wesentlicher Gegenstände dürfte wohl kaum für die Anschaffung funktional (oder quantitativ) wesentlicher Vermögensgegenstände i. S. d. § 6b EStG ausreichen, sodass sie selbst auch nicht als funktional wesentliche Betriebsgrundlage zu qualifizieren sei. Problematisch wäre die Beurteilung einer hohen Reinvestitionsrücklage, die ausschließlich aus dem Verkauf quantitativ unwesentlicher, aber funktional wesentlicher Betriebsgrundlagen stammt.[139] Im Zweifel müsste ihre Fortführung jedoch vergünstigungsschädlich sein, da die in ihr gespeicherten hohen stillen Reserven einer zusammengeballten Aufdeckung aller stillen Reserven entgegenstehen und somit nicht mit dem Sinn und Zweck der §§ 16, 34 EStG vereinbar sind.

---

[136] BFH-Urteil vom 24.08.2000, IV R 51/98, BStBl. II 2005, 173, Rn. 23 f.
[137] *Reiß* (2015) in: Kirchhof, EStG, § 16 Rn. 140a, 51.
[138] *Geissler* (2015) in: H/H/R, EStG, § 16 Rn. 122; gl. A. wohl auch *Wacker* (2015) in: Schmidt, EStG, § 16 Rn. 108.
[139] Ohnehin ist fraglich, ob diese vermeintlich problematische Konstellation praxisrelevant ist oder sie nur eine theoretische residuale Größe darstellt.

(ii)   Beachtung des Zeitraumes i. R. d. Gesamtplanrechtsprechung

Mitunternehmer, die einzelne funktional-quantitativ wesentliche Vermögensgegenstände ihres (Sonder-)Betriebsvermögen nicht mitveräußern wollen, haben einen An-
reiz, diese Vermögensgegenstände zeitlich vor der Betriebsveräußerung auszuglie-
dern, um durch ihre Zurückbehaltung nicht die Steuervergünstigungen zu gefährden.[140] Gestalterisch könnten diese Gegenstände z. B. mittels steuerneutraler Übertragung nach § 6 Abs. 5 EStG zu Buchwerten auf andere (Sonder-)Betriebsvermögen des
Mitunternehmers übertragen und somit aus der zu veräußernden Sachgesamtheit aus-
lagert werden.[141]

(1)   Teleologische Auslegung von §§ 16, 34 EStG vs. Gestaltungsmissbrauch nach
       § 42 AO

Dies könnte jedoch eine Anwendung der §§ 16, 34 EStG entgegen ihrer Teleologie
sein oder einen missbräuchlichen Gebrauch von Gestaltungsmöglichkeiten i. S. d. § 42
AO darstellen. In einem Urteil aus dem Jahr 2000 wurde die später sog. `Gesamtplan-
rechtsprechung´ (angeblich[142]) vom IV. Senat des BFHs erstmals zur Urteilsbegründung hinsichtlich Steuervergünstigungen i. R. d. §§ 16, 34 EStG herangezogen.[143] Die
Rechtsfigur des Gesamtplans beschäftigt sich mit der Frage, inwieweit ein, einer Veräußerung vorhergehende, gesellschaftliche Umgestaltung mit dieser zusammen als
einheitlicher wirtschaftlicher Vorgang betrachtet werden muss.[144]

Der BFH-Gesamtplanrechtsprechung zufolge ist die vorherige Ausgliederung von
Vermögensgegenständen mit hohen stillen Reserven „aufgrund einheitlicher Planung
und in engem zeitlichen Zusammenhang mit der Veräußerung"[145], als ein einheitlicher
Vorgang zu betrachten. Eine zeitlich gestreckte, mehrgliedrige Gestaltung soll deshalb
nach den gleichen Maßstäben beurteilt und besteuert werden, wie eine zeitlich kon-
zentrierte Transaktion in einem einzelnen Akt. Ziel eines solchen Plans ist es gerade
die Gesamttransaktion ex ante in mehrere Teile aufzugliedern, um den Endzustand und

---

[140] *Förster & Schmidtmann* (2003), StuW, S. 115.
[141] Vgl. z. B. *Niehus & Wilke* (2013), PersG, S. 186 – 221.
[142] Viele Autoren führen (teilweise mit Einschränkungen) das BFH-Urteil vom 06.09.2000 als „`Ge-
   burtsstunde´ der Rechtsfigur des Gesamtplans" (so z. B. *Prinz* (2013), DB, S. 1) an, was nach
   Schmidtmann jedoch falsch ist, denn Gesamtplanmerkmale würden seit über 30 Jahren die BFH
   Judikatur beeinflussen – und nicht nur bei Ertragsteuern (vgl. *Schmidtmann* (2015), FR, S. 61 m. w.
   N.). Krit. auch *Herlinghaus* (2014), FR, S. 444 f.: Er spricht von einem „deutlich überinterpretier-
   ten" Urteil und sieht die Ursprünge bereits beim RFH (vgl. RFH-Urteil vom 01.02.1934, IV A
   1856/32, RStBl. 1934, 540).
[143] `Präjudiz´ zum Gesamtplan vom BFH mit BFH-Urteil vom 06.09.2000, IV R 18/99, BStBl. II 2001,
   229.
[144] *Niehus & Wilke* (2011), Steuk, S. 225; *Schulze zur Wiesche* (2012), DStR, S. 1420.
[145] BFH-Urteil vom 06.09.2000, IV R 18/99, BStBl. II 2001, 229, Rn. 10.

die damit verbundene Steuerersparnis zu erreichen.[146] Ex post sprechen eine sachliche und zeitliche Beziehung der einzelnen Teilschritte indiziell für das Vorliegen eines Gesamtplans.[147] Kommt den einzelnen Teilschritten jedoch eine eigenständige Funktion zu und sind sie durch wirtschaftliche Gründe gerechtfertigt, so spricht dies gegen einen Gesamtplan i. S. d. Gesamtplanrechtsprechung.[148] Beim Vorliegen eines Gesamtplans ist eine Steuerbegünstigung nach §§ 16, 34 EStG zu versagen, da es an der zweckessentiellen gleichzeitigen Aufdeckung aller stillen Reserven mangelt. Für eine rechtliche Begründung genügt also grds. die teleologische Auslegung §§ 16, 34 EStG.[149]

Auf eine ähnliche Argumentation stützen der II.[150], der III.[151], und der IV.[152] sowie der VIII.[153] Senat ihre Urteilsbegründungen.[154] Eine andere Auffassung vertreten hingegen der I.[155] und der X.[156] Senat, welche die Rechtsfigur Gesamtplanrechtsprechung durch die Missbrauchsvermeidung von rechtlichen Gestaltungsmöglichkeiten i. S. d. § 42 AO begründet sehen.[157] Letzteres kann wohl durch gewichtige Argumente wie den Gesetzesvorbehalt (Art. 20 Abs. 3 HS 2 GG) oder den Bestimmtheitsgrundsatz begründet werden.[158] Auch im Schrifttum ist die Grundlage der Gesamtplanrechtsprechung nicht einheitlich geklärt. Beide Varianten haben ihre Fürsprecher und Gegner. So entstand das Bild zweier sich überschneidender Kreise: Als Schnittmenge beider Varianten gibt es einen gemeinsamen Anwendungsbereich. Daneben existiert auch ein

---

[146] *Förster & Schmidtmann* (2003), StuW, S. 120 f.; *Niehus & Wilke* (2011), Steuk, S. 226.

[147] *Niehus & Wilke* (2011), Steuk, S. 227 m. V. a. *Förster & Schmidtmann* (2003), StuW, S. 122.

[148] BFH-Urteil vom 09.11.2000, IV R 60/99, BStBl. II 2001, 101, Rn. 12; *Förster & Schmidtmann* (2003), StuW, S. 120; *Schulze zur Wiesche* (2012), DStR, S. 1422.

[149] *Niehus & Wilke* (2011), Steuk, S. 226; gl. A. *Prinz* (2014), FR, S. 236 und *Schulze zur Wiesche* (2012), DStR, S. 1422.

[150] Wohl erstes BFH-Urteil, was zur Begründung die Idee eines Gesamtplans anführte. Es erging allerdings zur Grundstückseinbringung in eine Gesellschaft nach § 5 GrEStG a. F. von 1940 (vgl. BFH-Urteil vom 24.11.1982, II R 38/78, BStBl. II 1983, 429, LS, Rn. 7).

[151] Wohl auch BFH-Urteil vom 22.11.2013, III B 35/12, BFH/NV 2014, 531, Rn. 4, 15.

[152] So auch in weiteren Urteilen wie z. B. BFH-Urteil vom 20.01.2005, IV R 14/03, BStBl. II 2005, 951, Rn. 24 f.; BFH-Urteil vom 30.08.2012, IV R 44/10, BFH/NV 2013, 376 Rn. 26, 33.

[153] BFH-Urteil vom 06.12.2000, VIII R 21/00, BStBl. II 2003, 194 Rn. 29 – 31.

[154] Vgl. auch *Niehus & Wilke* (2011), Steuk, S. 226 f.; *Schmidtmann* (2015), FR, S. 58.

[155] BFH-Urteil vom 25.11.2009, I R 72/08, BStBl. II 2010, 471, Rn. 23. Bei dem Urteil handelt es sich nicht um eine Problematik der §§ 16 Abs. 4, 34 EStG, sondern Streitgegenstand war eine vergünstigte Einbringung von KG-Anteilen in eine GmbH i. R. d. § 20 Abs. 1 UmwStG.

[156] BFH-Urteil vom 09.11.2011, X R 60/09, BStBl. II 2012, 638, Rn. 24, 45 – 48. Die Urteilsbegründung erfolgte primär über § 42 AO. Bei der Urteilsbegründung wurde im Ergebnis die konkrete Herleitung der Rechtsfigur Gesamtplanrechtsprechung aber explizit offengelassen.

[157] Vgl. auch *Niehus & Wilke* (2011), Steuk, S. 226; *Schmidtmann* (2015), FR, S. 58.

[158] *Niehus & Wilke* (2011), Steuk, S. 226; insgesamt aber kritische Einstellung zur Begründung der Gesamtplanrechtsprechung durch § 42 AO (siehe S. 226 f.).

Bereich des Gesamtplans, der nicht den Tatbestand des Gestaltungsmissbrauchs verwirklicht und es können Gestaltungsmissbräuche vorliegen, die ohne einen Gesamtplan i. S. d. des Rechtsinstituts erfolgen.[159]

Der § 42 AO wurde zum 01.01.2008 letztmalig geändert, wobei es jedoch unterlassen wurde die Gesamtplanrechtsprechung rechtlich zu fundieren oder einzugrenzen.[160] Das Fehlen einer normativen Grundlage kritisiert auch *Schmidtmann*.[161] Er wirft der Rechtsprechung indirekt einen Verstoß gegen das Analogieverbot[162] vor, denn ohne gesetzliche Lücken – die *Schmidtmann* bei den meisten Gesamtplanfällen nicht sieht – wäre eine richterliche Rechtsfortbildung unzulässig.[163] Dennoch erkennt er an, dass die Gesamtplanrechtsprechung nicht ausschließlich auf § 42 AO fußt, was auch ihre Anwendung zugunsten des Steuerpflichtigen ermöglichen kann.[164] Die Betrachtung des Gesamtplans erfolgt vor der eigentlichen Subsumtion, bestimmt lediglich den Umfang des Sachverhalts und führt erst über den Telos der einschlägigen Norm zur finalen Bewertung.[165]

Nach *Niehus & Wilke* ist die Rechtsfigur des Gestaltungsmissbrauchs hingegen überflüssig, wenn der Fall auch durch teleologische Subsumtion der einzelnen Transaktionsschritte unter eine konkrete Norm des Steuerrechts möglich ist. Die Frage des Gestaltungsmissbrauchs i. S. d. § 42 AO sollte nach ihrer Auffassung separat geklärt werden. In der Praxis sind Betriebsveräußerungen oft hoch komplexe Geschäftsvorfälle, die eben nicht zeitpunktbezogen erfolgen, sondern bei denen naturgemäß nur eine zeitraumbezogene Betrachtung zu sachgerechten Ergebnissen führt.[166]

Herlinghaus geht noch einen Schritt weiter und fordert eine Aufgabe der Rechtsfigur Gesamtplan zugunsten einer sauberen Trennung bei der „Auslegung des Normtatbestandes und der Anwendung des § 42 AO"[167]. Problematisch sieht er vor allem, dass

---

[159] *Förster & Schmidtmann* (2003), StuW, S. 114; *Schmidtmann* (2015), FR, S. 58.
[160] *Drüen* (2014) in: Tipke/Kruse, AO, § 42, Rn. 1 – 7, krit. Rn. 36a.
[161] *Schmidtmann* (2015), FR, S. 59 f.; indirekt erhob er diese Kritik bereits 2003 zusammen mit *Förster* (vgl. *Förster & Schmidtmann* (2003), StuW, S. 114).
[162] Zwar gilt das strikte strafrechtliche Analogieverbot des § 1 StGB i. V. m. Art. 103 Abs. 2 GG nicht gleichwertig für das Steuerrecht als staatliches Eingriffsrecht (vgl. BVerfG-Beschluss vom 24.07.1957, 1 BvL 23/52, BVerfGE 7, 89; BVerfG-Urteil vom 24.01.1962, 1 BvR 232/60, BVerfGE 13, 318), dennoch ist eine Rechtsfortbildung zu Lasten des Steuerpflichtigen nur in engen Grenzen zulässig (BFH-Urteil vom 01.08.1974, IV R 120/70, BStBl. II 1975, 13; siehe auch *Drüen* (2014) in: Tipke/Kruse, AO, § 4 Rn. 366; *Gersch* (2014), AO, § 4 Rn. 37 f.).
[163] *Schmidtmann* (2015), FR, S. 59.
[164] *Schmidtmann* (2015), FR, S. 64; gl. A. bereits *Förster & Schmidtmann* (2003), StuW, S. 114; so auch *Niehus & Wilke* (2011), Steuk, S. 226.
[165] *Schmidtmann* (2015), FR, S. 59, 64.
[166] Niehus & Wilke (2011), Steuk, S. 226; gl. A. *Schulze zur Wiesche* (2012), DStR, S. 1426.
[167] *Herlinghaus* (2014), FR, S. 446.

die FinV die verselbstständigte Rechtsfigur Gesamtplanrechtsprechung als universelles, fiskalorientiertes Abwehrinstrument gegen Steuergestaltungen verwendet, ohne dass diese „Ausuferung"[168] auf einer rechtlichen Grundlage basiere.[169] Hierdurch sieht *Herlinghaus* den gleichheitskonformen Steuervollzug gefährdet.

Zwar wäre eine klare „normative Verankerung der Gesamtplanrechtsprechung"[170] der juristisch sauberere Weg der Rechtsanwendung. Konkrete Sachverhalte könnten unter die Abstrakte Definition einer Norm subsummiert werden. Eine Norm könnte steuerrechtliche Risiken bei Unternehmenstransaktionen senken sowie eine höhere Rechts- und Planungssicherheit gewährleisten.[171] In anderen Bereichen wurde die Gesamtplanargumentation auch gesetzlich verankert (§ 32d Abs. 2 Nr. 1 S. 3, 4 EStG, § 8 Abs. 2 S. 2 GrEStG). Dennoch bleibt fraglich, inwiefern eine Gesamtplannorm hinsichtlich §§ 16, 34 EStG bzw. § 42 AO Klarheit schaffen würde. Bei vielen Paragraphen existieren unterschiedliche Auffassungen – wenn auch nur bei einzelnen Detailfragen –, Meinungsstreite gehören zum juristischen Arbeitsalltag und selbst Urteile werden teilweise nicht einheitlich gefällt. Somit kann m. E. dahinstehen, auf welcher Grundlage – einer eigenen Norm, dem Sinn und Zweck existierender Paragraphen oder dem § 42 AO – die Gesamtplanrechtsprechung basiert.[172] Auch wenn wegen der geäußerten Kritikpunkte ein Beigeschmack verbleibt, kann in grosso modo eine – zumindest im Ergebnis –richtige Rechtsanwendung konstatiert werden – sowohl durch teleologische Auslegung der §§ 16, 34 EStG als auch durch Vermeidung von Gestaltungsmissbräuchen nach § 42 AO.

(2) **Relevanter Zeitraum der Verklammerung**

Zu klären ist noch der relevante, rechtlich unbestimmte Zeitraum der „zeitlich-sachlichen Verklammerung"[173]. Die FinV (OFD Karlsruhe[174]) nimmt an, dass kein schädlicher Gesamtplan vorliege, wenn die Übertragung von Wirtschaftsgütern und der Betriebsveräußerung mindestens 36 Monate auseinanderliegen. Bei einem zeitlichen Abstand von mehr als 24 und weniger als 36 Monaten wird widerlegbar vermutet, es bestehe kein Gesamtplan hinsichtlich einer Aufteilung der Transaktion. Beträgt der

---

[168] *Herlinghaus* (2014), FR, S. 446.
[169] *Herlinghaus* (2014), FR, S. 446; ähnlich auch *Prinz* (2014), FR, S. 236.
[170] *Schmidtmann* (2015), FR, Überschrift seines Aufsatzes auf S. 58, sowie auch S. 59.
[171] *Drüen* (2014) in: Tipke/Kruse, AO, § 42 Rn. 36a; *Schulze zur Wiesche* (2012), DStR, S. 1426.
[172] Aus verfassungsrechtlicher Perspektive wäre eine eigenständige Norm der legislativen Gesetzgebung sicherlich der demokratisch richtigere Weg und somit dem Richterrecht der Judikative vorzuziehen.
[173] *Herlinghaus* (2014), FR, S. 444.
[174] OFD-Karlsruhe vom 20.06.2006, S 2241/27 - St 111, ESt-Kartei BW, § 6 EStG, Abschnitt 5.3.

Zeitraum weniger als 24 Monaten, so „ist i. d. R. von einem schädlichen Gesamtplan auszugehen"[175]. *Niehus & Wilke* sehen in dieser Fiktion fälschlicherweise, dass der Gesamtplan „unwiderlegbar anzunehmen"[176] sei. Die Formulierung „i. d. R." ist aber gerade nicht Abschließend, sondern lässt widerlegte Ausnahmen von der Annahme zu. Eine unwiderlegbare Annahme dürfte – wie auch *Niehus & Wilke* argumentieren – äußerst problematisch sein, da die zeitliche Nähe ex post nur ein Indiz für das Vorliegen eines Gesamtplans ist.[177] Somit stellen die widerlegbaren Annahmen der OFD Karlsruhe m. E. eine durchaus gute Auslegungshilfe dar, die gerade durch ihre abgestuften Zeiträume unternehmerische Gegebenheiten berücksichtigt. Gerade aufgrund unterschiedlicher, sich im Zeitablauf ändernder und branchenverschiedener unternehmerischen Anforderungen wäre eine allgemeinverbindliche Vorgabe der relevanten Zeiträume problematisch. In der konkreten Anwendung wäre es dennoch fraglich, ob selbst eine widerlegbare Fiktion zu Lasten des Veräußerers von 24 Monaten nicht zu restriktiv bemessen ist und die unternehmerische Entscheidungsfreiheit (Art. 2 Abs. 1, 12, 14 GG) hinsichtlich Veräußerungen und Umstrukturierungen zu stark beschneidet – evtl. würden 12 oder 18 Monate ausreichen.

(iii) Einstellung der gewerblichen Betätigung in Mitunternehmerschaft durch Veräußerer

Eine wohl eher theoretische Voraussetzung ist die Einstellung der gewerblichen Tätigkeit des veräußernden Mitunternehmers beim Veräußerungsobjekt. Bei Erfüllung der vorherigen Voraussetzungen des § 16 Abs. 1 S. 1 Nr. 2 EStG, insb. der Eigentumsübertragung, ist eine Mitunternehmerstellung des Veräußerers bei seiner ehemaligen Personengesellschaft rechtlich nicht mehr möglich. Unschädlich ist allerdings, wenn der Veräußerer nach der Transaktion in schuldrechtlicher Beziehung zur ehemaligen Personengesellschaft steht, bspw. als Arbeitnehmer oder durch eine typische stille Beteiligung; auch Anteile an anderen Mitunternehmerschaften sind zulässig.[178]

e) Problem der Beteiligungsidentität

Eine Veräußerung von Wirtschaftsgütern setzt bereits vom Begriff her ihre Übertragung auf ein anderes (Steuer-)Rechtssubjekt voraus.[179] Schon dieser Voraussetzung

---

[175] OFD-Karlsruhe vom 20.06.2006, S 2241/27 - St 111, ESt-Kartei BW, § 6 EStG, Abschnitt 5.3.
[176] *Niehus & Wilke* (2011), Steuk, S. 228.
[177] *Niehus & Wilke* (2011), Steuk, S. 228.
[178] *Patt* (2015) in: H/H/R, EStG, § 16 Rn. 299; *Wacker* (2015) in: Schmidt, EStG, § 16 Rn. 98, 111.
[179] Insichgeschäfte sind gem. § 181 BGB i. R. d. Stellvertretung (§ 164 Abs. 1 BGB) nur ausnahmsweise und in engen Grenzen zulässig.

könnte man entnehmen, dass auf beiden Seiten der Veräußerung unterschiedliche Personen beteiligt sein müssen. Seit dem VZ 1994 regelt § 16 Abs. 2 S. 3 EStG ausdrücklich, dass ein Veräußerungsgewinn zum nicht-steuerbegünstigten, laufenden Gewinn zählt, „insoweit" die Personen auf Veräußerer- und Erwerberseite identisch sind, da der Verkäufer wirtschaftlich gesehen ganz oder anteilig an sich selbst veräußert. Der Veräußerungsgewinn ist daher in einen steuerlich begünstigten Teil und einen nicht begünstigten Teil aufzuteilen, wobei für die Bestimmung des quotalen, laufenden Gewinns der Verteilungsschlüssel des Steuerbilanzgewinns entscheidend ist.[180] Eine mittelbare Beteiligung am Erwerber ist ausreichend. Es sind keine Bagatellgrenzen vorgesehen, sodass der Veräußerungsgewinn bei geringfügiger Beteiligung, z. B. nur 5 %, zu eben diesem geringfügigen Anteil als laufender Gewinn fingiert wird. Bei Personenidentität wird durch die Veräußerung vollständig laufender Gewinn erzielt.[181]

2. Bestimmung und Besteuerung des Veräußerungsgewinns

Wenn alle Tatbestandsvoraussetzungen des § 16 Abs. 1 S. 1 Nr. 2 EStG erfüllt sind, zählt der Veräußerungsgewinn als Rechtsfolge zu den außerordentlichen Einkünften gem. § 34 Abs. 2 Nr. 1 EStG, auf den eine Tarifvergünstigung wahlweise nach § 34 Abs. 1 oder § 34 Abs. 3 EStG angewendet werden kann. Unbeschränkt Steuerpflichtige haben zudem einen Anspruch auf einen limitierten Freibetrag nach § 16 Abs. 4 EStG, wenn sie die dort genannten weiteren, personenspezifischen Voraussetzungen erfüllen. Bei beschränkt Steuerpflichtigen sind zwar die Tarifbegünstigungen nach § 34 EStG genauso anzuwenden wie bei unbeschränkt steuerpflichtigen Personen, aber sie haben nach § 50 Abs. 1 S. 3 EStG keinen Anspruch auf einen Freibetrag nach § 16 Abs. 4 EStG.[182]

Der begünstigte Veräußerungsgewinn i. S. d. § 16 Abs. 1 S. 1 Nr. 2 EStG muss zunächst nach § 16 Abs. 2 EStG bestimmt werden (a), um ihn dann bei der Besteuerung i. R. d. Einkommen- (b) und Gewerbesteuer (c) entsprechend zu berücksichtigen.

---

[180] BFH-Urteil vom 15.06.2004, VIII R 7/01, BStBl. II 2004, 754, Rn. 26; *Schallmoser* (2015) in: Blümich, EStG, § 16 Rn. 654; Vgl. *Schiffers* (1994), BB, S. 1471 (schlug [damals noch] Beteiligungsquote an stillen Reserven als Aufteilungsmaßstab vor); *Wacker* (2015) in: Schmidt, EStG, § 16 Rn. 97, 111.
[181] . *Patt* (2015) in: H/H/R, EStG, § 16 Rn. 357 f.; *Schiffers* (1994), BB, S. 1472.
[182] *Horn.* (2015) in: H/H/R, EStG, § 34 Rn. 7; *Patt* (2015) in: H/H/R, EStG, § 16 Rn. 320.

a) Berechnung des Veräußerungsgewinns

Zum begünstigten Veräußerungsgewinn zählen alle Geschäftsvorfälle, die in einem zeitlichen und wirtschaftlichen Zusammenhang mit der Veräußerung stehen.[183] Seit dem VZ 2002 werden nur anteilige Mitunternehmeranteilsveräußerungen nicht mehr begünstigt, sondern dem laufenden Gewinn zugerechnet. Das bedeutet jedoch nicht, dass bei Veräußerung des gesamten Mitunternehmeranteils auch der gesamte Veräußerungsgewinn nach §§ 16, 34 EStG begünstigt ist. Der Veräußerungsgewinn ist um Gewinnanteile zu kürzen, die auf die Fortsetzung der betrieblichen Tätigkeit entfallen und deshalb zum laufenden Gewinn zählen.[184] Des Weiteren ist er – wenn z. B. Anteile von Kapitalgesellschaften im Betriebsvermögen gehalten werden – um den steuerfreien Anteile i. R. d. Teileinkünfteverfahrens (§§ 3 Nr. 40 b, 3c Abs. 2 EStG) zu bereinigen, da der veräußernde Gesellschafter aufgrund des Transparenzprinzips behandelt wird, als hätte er seine Beteiligung selbst verkauft. Nur der steuerpflichtige Anteil i. H. v. 60 % zählt zum Veräußerungsgewinn.[185]

Als Zeitpunkt der Gewinnrealisierung und damit Begründung des Steueranspruchs sind weder der schuldrechtliche Verkauf noch die sachenrechtliche Eigentumsübertragung relevant, sondern es ist der Zeitpunkt der „wirtschaftlichen Vertragserfüllung"[186], also die Übertragung des wirtschaftlichen Eigentums i. S. d. § 39 Abs. 2 AO maßgebend. Bei beweglichen Sachen erfolgt sie regelmäßig mit dem Gefahrenübergang nach § 446 Abs. 1 BGB[187]; bei geschlossenen Komplexen am Tag der Betriebsübergabe.[188] Dem konkreten Zeitpunkt kann in der Gestaltungspraxis eine wichtige Rolle zukommen. Wenn die Übertragung des Mitunternehmeranteils zwischen den Wirtschaftsjahren erfolgt, muss einzelfallabhängig unter Auslegung des Kaufvertrages (§§ 133, 157 BGB) entschieden werden, welchem VZ die Transaktion zugeordnet werden soll, um

---

[183] *Schallmoser* (2015) in: Blümich, EStG, § 16 Rn. 650, 566 f. m. V. a. diverse BFH-Urteile.
[184] Vgl. *Patt* (2015) in: H/H/R, EStG, § 16 Rn. 321; *Schallmoser* (2015) in: Blümich, EStG, § 16 Rn. 650.
[185] Vgl. *Geissler* (2015) in: H/H/R, EStG, § 16 Rn; zu weiteren Kürzungsbeispielen siehe *Patt* (2015) in: H/H/R, EStG, § 16 Rn. 321 oder *Pohl & Uhländer* (2015) in: Lippross/Seibel, EStG, § 16 Rn. 151 – 155.
[186] BFH-Urteil vom 14.12.1982, VIII R 53/81, BStBl. II 1983, 303, Rn. 29 f.
[187] Vgl. BFH-Urteil vom 27.02.1986, IV R 52/83, BStBl. II 1986, 552, Rn. 10 – 12; bestätigt durch BFH-Urteil vom 08.09.2005, IV R 40/04, BStBl. II 2006, 26, Rn. 16 f. für Werkverträge i. S. d. § 631 BGB.
[188] Vgl. BFH-Urteil vom 16.03.1989, IV R 153/86, BStBl. II 1989, 557, Rn. S. 9 f.; *Patt* (2015) in: H/H/R, EStG, § 16 Rn. 289, 300; *Wacker* (2015) in: Schmidt, EStG, § 16 Rn. 214.

bspw. gesellschaftliche Verlustvorträge steuerlich noch aufzubrauchen oder den Veräußerungsgewinn so zu beeinflussen, dass der Steuerfreibetrag nach § 16 Abs. 4 EStG optimal genutzt wird.[189]

Nach § 16 Abs. 2 EStG berechnet sich der Veräußerungsgewinn wie folgt:

> Veräußerungspreis (i)
>
> gemeiner Wert der in das Privatvermögen überführten Wirtschaftsgüter
> + nach § 16 Abs. 3 S. 7 EStG analog (ii)
> (nur sofern Wirtschaftsgüter nicht zur wesentlichen Betriebsgrundlage gehören)
>
> - Veräußerungskosten (iii)
>
> - Buchwert des anteiligen Betriebsvermögens = Kapitalkonto (iv)
>
> = Veräußerungsgewinn nach § 16 Abs. 2 EStG

Formel 1: Grundschema zur Ermittlung des Veräußerungsgewinns

(i)   Veräußerungspreis

Der Veräußerungspreis stellt die Gegenleistung der Veräußerung dar und umfasst neben der Kaufpreiszahlung i. S. d. § 433 Abs. 2 BGB auch alle weiteren Leistungen, die dem Verkäufer in unmittelbarem Zusammenhang mit der Anteilsveräußerung vom Erwerber zufließen oder auch durch Dritten gewährt werden.[190]

(1)   *Kaufpreiszahlung durch einmalige Leistung*

Wenn die geschuldete Leistung direkt an den Gläubiger bewirkt wird, erlischt das Schuldverhältnis nach § 362 Abs. 1 BGB, sodass ein zivilrechtlich unproblematischer Sachverhalt vorliegt. Nicht geklärt ist hingegen, wie die Kaufpreisforderung aus der Anteilsveräußerung zu behandeln ist: Im Schrifttum wird diskutiert, ob die Forderung entweder in das Privatvermögen des Veräußerers übergehen müsste oder er ein Wahlrecht hat sie im (Rest-)Betriebsvermögen zu belassen.[191] Auch der BFH hat diese Frage nicht eindeutig beantwortet.[192] Eine Entscheidung ist wohl auch nicht notwendig, denn nach Auffassung des Großen Senats – und damit begründete der IV. Senat seine offene Stellungnahme – wirken Kaufpreisänderungen „steuerrechtlich auf den

---

[189] Vgl. *Adolf* (2010) in: Brück/Sinewe, Unternehmenskauf, § 4 Rn. 69; *Kobor* (2015) in: H/H/R, EStG, § 16 Rn. 402; *Patt* (2015) in: H/H/R, EStG, § 16 Rn. 303.

[190] *Kobor* (2015) in: H/H/R, EStG, § 16 Rn. 405; *Schallmoser* (2015) in: Blümich, EStG, § 16 Rn. 575.

[191] Für einen Übergang ins Privatvermögen spricht sich *Schallmoser* aus (*Schallmoser* (2015) in: Blümich, EStG, § 16 Rn. 597), wohingegen z. B. *Kobor* die Forderung bis zur ausdrücklichen Entnahme ins Privatvermögen im „Wahl-Restbetriebsvermögen" des Veräußerers belässt, sodass etwaige Zinsen nachträgliche Betriebsnahen wären (*Kobor* (2015) in: H/H/R, EStG, § 16 Rn. 405; gl. A. *Reiß* (2015) in: Kirchhof, EStG, § 16 Rn. 269).

[192] BFH-Urteil vom 09.11.1999, II R 45/97, BFH/NV 2000, 686, Rn. 11: Es bestehe „kein Zwang, die Kaufpreisforderung dem Privatvermögen zuzuordnen"; BFH-Urteil vom 19.08.1999, IV R 67/98, BStBl. II 2000, 355, Rn. 22 ließ Entscheidung der Zuordnung offen.

Zeitpunkt der Veräußerung zurück."[193] Bei einer nachträglichen Änderung des Veräußerungspreises – bspw., weil eine erfolgsabhängige Preisanpassung vertraglich vereinbart wurde – kommt es zu einer Rückwirkung i. S. d. § 175 Abs. 1 S. 1 Nr. 2 AO, die materiell-rechtlich auf den Veräußerungszeitpunkt zurückwirkt.[194] Infolge dieser Änderung muss der Veräußerungsgewinn nachträglich neu berechnet und auch die veranlagte Steuer muss entsprechend korrigiert werden; gleiches gilt auch für einen Ausfall der Kaufpreisforderung.[195]

(2)   **_Kaufpreiszahlung durch wiederkehrende Leistungen einer Veräußerungsrente_**

Bei der Anteilsveräußerung gegen eine drittübliche Gegenleistungsrente[196], die für einen Zeitraum von mindestens zehn Jahren erfolgt und keine umsatz- oder gewinnabhängigen Komponenten enthält, gewährt die FinV (R 16 Abs. 11 S. 1 EStR, H 16 Abs. 11 EStH) dem Steuerpflichtigen im Anschluss an die BFH-Rechtsprechung ein Wahlrecht.[197] Das Wahlrecht zwischen begünstigter Direkt- und nicht-begünstigter Zuflussbesteuerung kann auch bei Veräußerung von Bruchteilsanteilen ausgeübt werden.[198] Die Ausübung des Wahlrechts muss allerdings ausdrücklich, nach *Wacker*[199] spätestens bei Abgabe[200] der Einkommensteuererklärung, nach *Kobor* bis zur „Bestandskraft der Veranlagung des Veräußerungsvorgangs"[201] erklärt werden. Der Steuerpflichtige kann zwischen der sofortigen Gewinnversteuerung nach R 16 Abs. 11 S. 2 EStR und der Zuflussbesteuerung, bei der die Rentenzahlung als nachträgliche Betriebseinnahme i. S. d. § 24 Nr. 2 i. V. m. § 15 EStG behandelt wird (R 16 Abs. 11 S. 6 EStR), wählen.[202]

---

[193] BFH-Beschluss vom 19.07.1993, GrS 2/92, BStBl. II 1993, 897, Rn. 75; vgl. auch BFH-Urteil vom 19.08.1999, IV R 67/98, BStBl. II 2000, 355, Rn. 22.

[194] *Hörger & Rapp* (2015) in: L/B/P, EStG, § 16 Rn. 111; *Kobor* (2015) in: H/H/R, EStG, § 16 Rn. 446.

[195] *Loose* (2014) in: Tipke/Kruse, AO, § 175 Rn. 29 – 31; *Rüsken* (2014), AO, § 175 Rn. 58 f.

[196] Zur Abgrenzung der Gegenleistungs- von der Versorgungsrente siehe § 2 B. I. 1. c) (ii), S. 18 f.

[197] Der BFH begründet das Wahlrecht durch eine teleologische Reduktion des Anwendungsbereichs der §§ 16, 34 EStG i. V. m. dem Grundsatz der Verhältnismäßigkeit der Besteuerung (BFH-Urteil vom 26.07.1984, IV R 137/82, BStBl. II 1984, 829; BFH-Urteil vom 14.05.2002, VIII R 8/01, BStBl. II 2002, 532, Rn. 19 f.).

[198] BMF-Schreiben vom 11.03.2010, IV C 3 - S 2221/09/10004, BStBl. II 2010, 227, Rn. 8; *Wacker* (2015) in: Schmidt, EStG, § 16 Rn. 454 m. w. N.

[199] *Wacker* (2015) in: Schmidt, EStG, § 16 Rn. 226.

[200] M. E. wäre bei der Begrenzung der Erklärungsfrist auf den Zugang der Einkommensteuererklärung und nicht ihre Abgabe abzustellen, denn Willenserklärung gegenüber Abwesenden werden nach § 130 Abs. 1 S. 1 BGB erst im Zeitpunkt des Zugangs wirksam und können bis dahin widerrufen bzw. geändert werden. Diese formell-rechtliche Frage kann hier jedoch nicht weiter diskutiert werden.

[201] *Kobor* (2015) in: H/H/R, EStG, § 16 Rn. 408.

[202] *Kobor* (2015) in: H/H/R, EStG, § 16 Rn. 406; *Reiß* (2015) in: Kirchhof, EStG, § 16 Rn. 78 – 80.

Sofortige Besteuerung des Veräußerungsgewinns

Bei Wahl der Sofortbesteuerung erfolgt die Besteuerung des nach §§ 16 Abs. 4, 34 EStG begünstigten Veräußerungsgewinns grds. im VZ der Übertragung des Mitunternehmeranteils, wobei die Rentenzahlungen für die Gewinnermittlung zu diskontieren sind. Nach Ansicht der FinV (R 16 Abs. 11 S. 4, 10 EStR) soll dies entsprechend den Vorschriften des BewG mit einem Diskontierungszinssatz von 5,50 % erfolgen.[203] Zwar ist die Wahl eines fixen, in Zeiten sehr niedriger Marktzinsen verhältnismäßig hohen Zinssatzes fraglich. Dennoch dürfte es den Steuerpflichtigen freuen, schließlich würde eine DCF-Bewertung mit niedrigerem Zinsfuß zu einem höheren Rentenbarwert, also einem höheren Verkaufspreis und somit c. p. auch zu einem höheren zu versteuernden Gewinn führen.

Wenn die Gegenleistungsrente einen Zinsanteil enthält, ist dieser nach § 20 Abs. 1 Nr. 7 EStG (bei Zeitrente[204]) bzw. § 22 Nr. 1 EStG (bei Leibrente[205]) zu versteuern, sofern er nicht zu anderen Einkunftsarten gehört (§§ 20 Abs. 8 S. 1, 22 Nr. 1 S. 1 EStG).[206] Der Sparer-Pauschbetrag nach § 20 Abs. 9 S. 1 EStG (früher Sparer-Freibetrag nach § 20 Abs. 4 EStG a. F.) ist nicht für die Renteneinkünfte nach § 22 Nr. 1 EStG anwendbar, da sie sonstige Einkünfte und keine Kapitalerträge i. S. d. § 20 EStG darstellen. Dies stellt zwar eine Ungleichbehandlung von wesentlich Gleichem dar, ist jedoch aufgrund verfassungsrechtlicher Rechtfertigung mit Art. 3 GG vereinbar.[207] Wie *Reiß* feststellt, sollte „davon ausgegangen werden, dass (…) die Gegenleistungsrente ohnehin Betriebsvermögen"[208] darstelle, sodass auch der Zinsanteil zu nachträglichen Betriebseinnahmen führe und ein Sparer-Pauschbetrag (bzw. früher ein Sparer-Freibetrag) wegen des Subsidiaritätsprinzips bei Kapitaleinkünften nicht in Betracht käme.[209]

---

[203] Vgl. auch BFH-Urteil vom 19.05.1992, VIII R 37/90, BFH/NV 1993, 87, Rn. 42; BFH-Urteil vom 21.10.1980, VIII R 190/78, BStBl. II 1981, 160, Rn. 15 m. w. N.

[204] Rentenzahlung, die unabhängig der Lebenserwartung des Rentengläubigers für einen bestimmten Zeitraum zu leisten ist (vgl. Springer-Gabler (2013), Lexikon Wirtschaft, S. 375).

[205] Rentenzahlung für Lebensdauer des Gläubigers (vgl. Springer-Gabler (2013), Steuer-Lexikon, S. 285).

[206] BFH-Urteil vom 19.05.1992, VIII R 37/90, BFH/NV 1993, 87, Rn. 15, 20; BFH-Urteil vom 17.12.1991, VIII R 80/87, BStBl. II 1993, 15, Rn. 17; *Wacker* (2015) in: Schmidt, EStG, § 16 Rn. 454.

[207] BFH-Endurteil (vgl. BFH-Urteil vom 22.09.2010, X R 32-33/01, BStBl. II 2011, 675, LS 3, Rn. 31) nachdem BVerfG die BFH-Vorlage zur Besteuerung von Bezügen aus Leibrenten ohne Sparer-Freibetrag (§ 20 Abs. 4 EStG a. F.) bereits als unzulässig abgewiesen hatte (BVerfG-Beschluss vom 22.09.2009, 2 BvL 3/02, BVerfGE 124, 251, Rn. 2).

[208] *Reiß* (2015) in: Kirchhof, EStG, § 16 Rn. 79; gl. A. *Kobor* (2015) in: H/H/R, EStG, § 16 Rn, 409.

[209] *Reiß* (2015) in: Kirchhof, EStG, § 16 Rn. 79; so auch R 16 Abs. 11 S. 7 HS 2 EStR.

Zuflussbesteuerung als nachträgliche Einkünfte aus Gewerbebetrieb

Bei Wahl der Zuflussbesteuerung entstehen nachträgliche Einkünfte aus Gewerbebetrieb gem. § 15 i. V. m. § 24 Nr. 2 EStG. Eine Leibrente i. S. d. § 759 Abs. 1 BGB begründet für den Gläubiger ein im Zweifel für seine Lebensdauer bestehendes Recht auf regelmäßig wiederkehrende, gleichmäßige Leistungen (Rente). Hinsichtlich der Rentendauer muss auf die „Lebensdauer" einer natürlichen Person, also einem Menschen abgestellt werden, da juristische Personen theoretisch unbegrenzt existieren können.[210] Folglich können grds. nur natürliche Personen Gläubiger einer Leibrente sein.[211] Rentenleistungen können nur in Geld oder anderen vertretbaren Sachen i. S. d. § 91 BGB bewirkt werden.[212] Leibrenten i. S. d. Zivilrechts stellen stets auch Leibrenten i. S. d. § 22 Nr. 1 S. 3 a EStG dar, allerdings kann der steuerliche Anwendungsbereich weitreichender sein.[213]

Ein steuerlicher Veräußerungsgewinn entsteht erst, wenn der Tilgungsanteil der Rente, also der um die Zinszahlung reduzierte Rentenanteil, das steuerliche Kapitalkonto des Veräußerers übersteigt.[214] Die Begünstigung nach § 16 Abs. 4, § 34 entfällt bei einer Zuflussbesteuerung. Für die Besteuerung des Zinsanteils gilt das gleiche wie bei Wahl der Sofortbesteuerung: Er ist erst beim jeweiligen Zufluss zu versteuern. Erst ab Gewinnrealisierung wird auch der Tilgungs- bzw. Ertragsanteil als nachträgliche Einkünfte aus Gewerbebetrieb nach § 24 Nr. 2 i. V. m. § 15 EStG besteuert.[215] Eine einmalige Ablösung der Leibrente kann durch §§ 16 Abs. 16 Abs. 4, 34 EStG begünstigt sein, sofern bei der Veräußerung des gesamten Mitunternehmeranteils keine oder allenfalls eine verhältnismäßig geringfügige Einmalzahlung geleistet wurde.[216]

Zu klären wäre noch, wie das Wahlrecht zwischen der Sofort- und Zuflussbesteuerung ausgeübt oder ob die Veräußerung nicht besser gegen eine einmalige Kaufpreiszahlung erfolgen sollte. Ein Belastungsvergleich erfolgt nachdem die Besteuerung bzw.

---

[210] Wenn eine GmbH nur auf beschränkte Zeit bestehen soll, muss dies gesellschaftsvertraglich geregelt werden (§ 3 Abs. 2 Alt. 1 GmbHG).

[211] *Terbrack* (2012) in: Dauner-Lieb/Langen, BGB, § 759 Rn. 5; a. A. *Mayer* (2008) in: Staudinger, BGB, § 759 Rn. 19.

[212] Vgl. auch *Habersack* (2013) in: MüKo, BGB, § 759 Rn. 3 – S. 7; *Mayer* (2008) in: Staudinger, BGB, § 759 Rn. 2 – 6; *Terbrack* (2012) in: Dauner-Lieb/Langen, BGB, § 759 Rn. 3 – 10.

[213] *Killat-Risthaus* (2015) in: H/H/R, EStG, § 22 Rn. 262; *Nacke* (2015) in: Blümich, EStG, § 22 Rn. 93.

[214] *Gratz & Müller* (2000), DB, S. 693; *Reiß* (2015) in: Kirchhof, EStG, § 16 Rn. 80; *Rose & Watrin* (2013), Ertragsteuern, S. 155 f.; so auch Auffassung der FinV (R 16 Abs. 11 S. 7 HS 1 EStR)

[215] *Heuermann & Fischer* (2015) in: Blümich, EStG, § 24 Rn. 71b.

[216] BFH-Urteil vom 14.01.2004, X R 37/02, BStBl. II 2004, 493, LS 1, 2, Rn. 10.

die Steuervergünstigungen der §§ 16 Abs. 4, 34 Abs. 1 bzw. Abs. 3 EStG thematisiert wurden.[217]

(ii) Hinzurechnung nach § 16 Abs. 3 S. 7 EStG analog

Wenn der Veräußerer, soweit dies voraussetzungsunschädlich möglich ist, Vermögensgegenstände in sein Privatvermögen überführt, wird ihr gemeiner Wert i. S. d. § 9 BewG nach § 16 Abs. 3 S. 3 EStG analog zum Veräußerungspreis hinzugerechnet.[218] Diese Hinzurechnung stellt die Besteuerung der stillen Reserven sicher und erhöht den Verkaufspreis um diese.[219]

(iii) Veräußerungskosten

Die Kosten der Veräußerung i. S. d. § 16 Abs. 2 S. 1 EStG mindern den begünstigten Veräußerungsgewinn. Sie dürfen den laufenden, nicht begünstigten Gewinn nur mindern, wenn die Veräußerung fehlschlägt. Hierzu zählen Betriebsausgaben, die in „unmittelbar sachlicher Beziehung"[220] zur gescheiterten Veräußerung stehen. In der Praxis sind Veräußerungskosten bspw. Beratungskosten und Notargebühren sowie sonstige Gebühren und Gutachterhonorare. Auch Verkehrsteuern, wie z. B. die Umsatz- oder Grunderwerbsteuer, können Veräußerungskosten i. S. d. § 16 Abs. 2 S. 1 EStG darstellen, wenn ihre Steuerpflicht unmittelbar durch die Veräußerung begründet wurde.[221]

(iv) Wert des Betriebsvermögens

Vom Veräußerungspreis ist noch den Wert des anteiligen Betriebsvermögens abzuziehen. Der Wert ist durch Betriebsvermögensvergleich nach §§ 4 Abs. 1, 5 EStG zu ermitteln (§ 16 Abs. 2 S. 2 EStG), weshalb für die Wertermittlung die allgemeinen handels- und steuerrechtlichen Bilanzierungsgrundsätze einschlägig sind.[222] Wenn Steuerpflichtige ihren Gewinn mittels Einnahmen-Überschuss-Rechnung i. S. d. § 4 Abs. 3 EStG bestimmen, müssen sie sowohl für den laufenden Gewinn wie auch den Veräußerungsgewinn eine fiktive Gewinnermittlung nach § 4 Abs. 1 EStG durchführen.[223]

---

[217] Siehe § 2 B. I. 2. b) (iv), S. 42 ff. sowie § 4 B. II., S. 52 ff.

[218] BFH-Urteil vom 29.04.2008, VIII R 98/04, BStBl. II 2008, 749, LS, Rn. 23 f.

[219] *Kobor* (2015) in: H/H/R, EStG, § 16 Rn. 405; *Wacker* (2015) in: Schmidt, EStG, § 16 Rn. 294.

[220] BFH-Urteil vom 06.10.1993, I R 97/92, BStBl. II 1994, 287, LS 1, Rn. 12 m. w. N.

[221] *Kauffmann* (2015) in: Frotscher/Geurts, EStG, § 16 Rn. 222; *Kobor* (2015) in: H/H/R, EStG, § 16 Rn. 420; *Naujok* (2008) in: Lüdicke/Sistermann, § 14 Rn. 32; siehe auch H 16 Abs. 9 EStH.

[222] *Kobor* (2015) in: H/H/R, EStG, § 16 Rn. 438; *Reiß* (2015) in: Kirchhof, EStG, § 16 Rn. 260 – 262c.

[223] BFH-Urteil vom 16.03.1989, IV R 153/86, BStBl. II 1989, 557, Rn. 8 f.; *Kobor* (2015) in: H/H/R, EStG, § 16 Rn. 437, 439; *Wacker* (2015) in: Schmidt, EStG, § 16 Rn. 330.

Die Gegenleistung des Käufers kann auch durch eine befreiende Schuldübernahme i. S. d. § 414 BGB erfolgen. Gleiches gilt für die Übernahme eines negativen Kapitalkontos, zu dessen Ausgleich GbR- und OHG- Gesellschafter grds. verpflichtet wären (§ 105 Abs. 3 HGB i. V. m. §§ 735, 739 BGB). Es wird vermutet, dass der Erwerber das negative Kapitalkonto nur übernimmt, weil in dem Mitunternehmeranteil stille Reserven enthalten sind, die dieses mindestens kompensieren. Der Buchwert des negativen Kapitalkontos ist dem erzielten Verkaufspreis daher hinzuzurechnen.[224] Unabhängig der Frage, ob die Übernahme vom negativen Kapitalkonto eine zusätzliche Gegenleistung darstellt, ergibt sich die Hinzurechnung bereits aus dem allgemeinen Gewinnermittlungsschema des § 16 Abs. 2 S. 1 EStG. Hier ist der Wert des Betriebsvermögens vom Veräußerungspreis zu subtrahieren, was bei einem negativen Wert zu seiner Addition führt.[225]

b) Besteuerung nach dem EStG

Der Veräußerungsgewinn könnte vor seiner Besteuerung noch um einen Freibetrag nach § 16 Abs. 4 EStG (i) zu kürzen sein. Die Besteuerung der außerordentlichen Einkünfte i. S. d. § 34 Abs. 2 EStG erfolgt gem. § 34 Abs. 1 EStG nach der Fünftel-Regelung (ii) oder mit einem nach § 34 Abs. 3 EStG ermäßigtem Steuersatz (iii). Dies gilt nur für den Veräußerungsgewinn und nicht den laufenden Gewinn des jeweiligen VZ.[226]

(i) Freibetrag nach § 16 Abs. 4 EStG

Der Steuerpflichtige hat nach § 16 Abs. 4 S. 1 EStG Anspruch auf einen Freibetrag i. H. v. 45.000 EUR, wenn die weiteren personenbezogenen Voraussetzungen des § 16 Abs. 4 EStG erfüllt sind. Zunächst ist hierfür nach S. 1 erforderlich, dass der verkaufende Mitunternehmer das 55. Lebensjahr vollendet hat oder berufsunfähig i. S. d. § 240 Abs. 2 SGB VI ist. Die Altersberechnung richtet sich nach den allgemeinen Vorschriften der § 108 AO i. V. m. §§ 187 Abs. 2 S. 2, 188 Abs. 2 BGB und muss zum Zeitpunkt der Vollendung des Erfüllungsgeschäftes unter wirtschaftlichen Gesichtspunkten vorliegen.[227] Seit dem VZ 1996 wird ein Freibetrag nur noch auf formlosen Antrag des Gesellschafters gewährt. Er kann diesen bis zum Eintritt der Bestandskraft

---

[224] BFH-Urteil vom 17.01.1989, VIII R 370/83, BStBl. II 1989, 563, Rn. 25.
[225] Vgl. *Kobor* (2015) in: H/H/R, EStG, § 16 Rn. 412, 425; *Reiß* (2014) in: K/S/M, EStG, § 16 Rn. E 45.
[226] Vgl. *Naujok* (2008) in: Lüdicke/Sistermann, UnternehmenStR, § 14 Rn. 37.
[227] *Kobor* (2015) in: H/H/R, EStG, § 16 Rn. 708 f.; *Wacker* (2015) in: Schmidt, EStG, § 16 Rn. 579.

seines Einkommensteuerbescheids beim FA stellen.[228] Des Weiteren wird der Freibetrag einer natürlichen Person als Steuerpflichtigen nach S. 2 nur einmal im Leben gewährt, wobei vor dem 01.01.1996 in Anspruch genommene Freibeträge nach § 52 Abs. 34 S. 6 HS 2 EStG a. F. unberücksichtigt bleiben.[229] Der Freibetrag reduziert sich nach S. 3 sukzessive soweit er die Grenze von 136.000 EUR überschreitet, da der Normzweck des § 164 Abs. 4 EStG insb. auf die Begünstigung von KMUs Abstellt, die alters- oder berufsbedingt verkauft werden müssen.[230] Nach Abzug des Freibetrages vom Veräußerungsgewinn (x) verbleibt ein Veräußerungsgewinn nach Freibetragsabzug (π) gem. § 16 Abs. 4 EStG:

$$\pi = \begin{cases} x - 45k & \forall & x \leq 136k \\ 2x - 181k & \forall & 136k < x \leq 181k \\ x & \forall & x > 181k \end{cases}$$

Formel 2: Veräußerungsgewinn nach Abzug des Freibetrags

Der anteilig nicht genutzte Freibetrag bei einem Veräußerungsgewinn zwischen 136.000 und 181.000 EUR verfällt und kann auch später nicht mehr genutzt werden. So ist zum einen darauf zu achten, dass die persönlichen Voraussetzungen im Veräußerungszeitpunkt vorliegen. Zum anderen ist bei Beteiligung an mehreren Personengesellschaft zu überlegen, bei welcher Veräußerung der Freibetrag optimal genutzt werden könnte.[231]

(ii)   Fünftel-Regelung nach § 34 Abs. 1 EStG

§ 34 Abs. 1 EStG gewährt unabhängig eines Antrags als Grundfall mit geringerer Praxisrelevanz den vergünstigten Steuersatz der sog. Fünftel-Regelung. Die außerordentlichen Einkünfte werden jedoch nicht auf fünf Jahre verteilt, sondern § 34 Abs. 1 S. 2 – 4 EStG simuliert ihre Verteilung mit verzerrender Wirkung.[232] Bei der Berechnung der Einkommensteuer nach der Fünftel-Regelung ist zu unterscheiden, ob ein positives oder negatives verbleibendes zu versteuerndes Einkommen (v zvE)vorliegt. Dies ist nach der Legaldefinition des § 34 Abs. 1 S. 2 EStG das zu versteuernde Einkommen (zvE) abzüglich der außerordentlichen Einkünfte i. S. d. § 34 Abs. 2 EStG,

---

[228] Vgl. *Hörger & Rapp* (2015) in: L/B/P, EStG, § 16 Rn. 237a; *Kauffmann* (2015) in: Frotscher/Geurts, EStG, § 16 Rn. 257; *Wacker* (2015) in: Schmidt, EStG, § 16 Rn. 580.

[229] *Reiß* (2015) in: Kirchhof, EStG, § 16 Rn. 278 f.; § 52 Abs. 34 S. 6 EStG i. d. F. der Bekanntmachung vom 08.10.2009, geändert durch das Gesetz zur Anpassung steuerlicher Regelungen an die Rechtsprechung des Bundesverfassungsgerichts (BVerfGStRAnpG) vom 18.07.2014.

[230] *Kobor* (2015) in: H/H/R, EStG, § 16 Rn. 735; *Schallmoser* (2015) in: Blümich, EStG, § 16 Rn. 700.

[231] *Adolf* (2010) in: Brück/Sinewe, Unternehmenskauf, § 4 Rn. 79 f.

[232] *Adolf* (2010) in: Brück/Sinewe, Unternehmenskauf, § 4 S. 146 Fn. 85; *Hey* (2013) in: Tipke/Lang, StR, § 8 Rn. 823 m. w. N.

also nach Nr. 1 abzüglich des Veräußerungserlöses i. S. d. § 16 EStG (π).[233] Diese Unterscheidung nach § 34 Abs. 1 S. 3 EStG soll die Besteuerung des positiven zu versteuernden Einkommen sicherstellen, wenn das verbleibende zu versteuernde Einkommen negativ ist.[234] Die Einkommensteuer nach der Fünftel-Regelung lässt sich durch die nachstehende Rechnung bestimmen, wobei sich die jeweils tarifliche Einkommensteuer (ESt) nach § 32a Abs. 1 S. 2 EStG ergibt:

$$v\,zvE = zvE - \pi$$

$$ESt_{\S\,34\,I} = \begin{cases} \left[ESt\left(v\,zvE + \frac{1}{5}\pi\right) - ESt(v\,zvE)\right] * 5 + ESt(v\,zvE) & \forall \quad v\,zvE \geq 0 \\ ESt\left(\frac{1}{5} * zvE\right) * 5 & \forall \quad \begin{matrix} v\,zvE < 0 \\ zvE \geq 0 \end{matrix} \end{cases}$$

Formel 3: Einkommensteuer nach Fünftel-Regelung

Die Steuervergünstigung resultiert aus einer Progressionsmilderung, weshalb der Effekt mit steigenden Einkünften im Bereich des linearen Spitzensteuersatzes gegen null konvergiert. An die Anwendung der Fünftel-Regelung sind geringere Anforderungen gestellt als an §§ 16 Abs. 4, 34 Abs. 3 EStG: So kann sie mehrfach im Leben genutzt werden. Die Anwendung ist nach § 34 Abs. 1 S. 4 EStG allerdings ausgeschlossen, wenn die §§ 6b, 6c EStG angewendet werden. Sollte der Steuerpflichtige in einem VZ mehrere Veräußerungsgewinne realisieren, so bewirkt die einmalige Anwendung der §§ 6b, 6c EStG den Ausschluss nur für diese Veräußerung, jedoch nicht für die anderen.[235] Die Fünftel-Regelung wird ohne Antrag und von Amts wegen gewährt, da das FA bei außerordentlichen Einkünften stets i. R. d. Günstigerprüfung die normale Besteuerung mit der Tarifermäßigung des § 34 Abs. 1 EStG vergleichen muss.[236]

(iii) Ermäßigter Steuersatz nach § 34 Abs. 3 EStG

In den VZ 2001 – 2003 konnten Steuerpflichtige für ihre außerordentlichen Einkünfte i. S. d. § 34 Abs. 2 Nr. 1 EStG, also u. a. Veräußerungsgewinne i. S. d. § 16 Abs. 1 EStG, (wieder) eine Besteuerung mit dem halben durchschnittlichen Steuersatz beantragen. Seit dem VZ 2004 ist der begünstigte Steuersatz von 50 % auf 56 % des durchschnittlichen Steuersatzes angehoben worden (§ 34 Abs. 3 S. 2 EStG).[237] Form und Frist des Antrags unterliegen denselben Anforderungen wie der Antrag gem. § 16

---

[233] *Horn.* (2015) in: H/H/R, EStG, § 34 Rn. 27; *Mellinghoff* (2015) in: Kirchhof, EStG, § 34 Rn. 40 f.
[234] *Hey* (2013) in: Tipke/Lang, StR, § 8 Rn. 823; *Wacker* (2015) in: Schmidt, EStG, § 34 Rn. 56.
[235] *Graf* (2015) in: L/B/P, EStG, § 34 Rn. 137; *HoRn.* (2015) in: H/H/R, EStG, § 34 Rn. 33.
[236] *Graf* (2015) in: L/B/P, EStG, § 34 Rn. 120; *Mellinghoff* (2015) in: Kirchhof, EStG, § 34 Rn. 55.
[237] *Horn.* (2015) in: H/H/R, EStG, § 34 Rn. 73; *Lindberg* (2015) in: Blümich, EStG, § 34 Rn. 60.

Abs. 4 EStG.[238] Nach § 34 Abs. 3 S. 1 EStG kann der Steuerpflichtige die Ermäßigung des § 34 Abs. 3 EStG alternativ zur Fünftel-Regelung des § 34 Abs. 1 EStG anwenden.

Da sie aber nicht nur eine (verzerrte) Streckung der Besteuerung des Veräußerungsgewinn simuliert, sondern den effektiven Steuersatz um bis zu 44 % des durchschnittlichen Steuersatzes Absenkt, normiert § 34 Abs. 3 EStG höhere Voraussetzungstatbestände. Nach S. 4 kann diese Regelung nur einmal im Leben beansprucht werden, wobei eine Inanspruchnahme vor dem 01.01.2001 unschädlich ist. § 34 Abs. 3 EStG gilt auch nur für einen Veräußerungsgewinn (S. 5). S. 1 postuliert, dass der Steuerpflichtige – wie bei § 16 Abs. 4 EStG – das 55. Lebensjahr vollendet haben oder sozialversicherungsrechtlich berufsunfähig sein muss. Auch eine Anwendung der §§ 6b, 6c EStG schließt – wie bei § 34 Abs. 1 EStG – einen ermäßigten Steuersatz nach § 34 Abs. 3 EStG aus (§ 34 Abs. 3 S. 6 i. V. m. Abs. 1 S. 4 EStG).[239] Der Anwendungsbereich des § 34 Abs. 3 EStG ist nach oben durch S. 1 auf 5m EUR begrenzt, was Ausdruck der Sozialzwecknorm der sog. Mittelstandskomponente ist, die die Altersversorgung von mittelständischen Unternehmern sichern soll.[240] Auf den Veräußerungsgewinn über 5m EUR kann die Fünftel-Regelung angewendet werden, wobei dies regelmäßig zu keinen merklichen weiteren Tarifbegünstigungen führt, da die Einkünfte bereits mit dem Spitzensteuersatz besteuert werden.[241] Nach unten darf der ermäßigte Steuersatz nicht unter den Eingangssteuersatz von 14 % Absinken, was eine gewisse Mindestbesteuerung gewährleisten soll.[242]

Bei Erfüllen der Voraussetzungen ergibt sich die Steuer auf die außerordentlichen Einkünfte (ao. EK) entsprechend der nachstehenden Formel:

$$
ESt_{\S\,34\,III} = \begin{cases}
ESt(v\ zvE) + 0{,}14 * \pi & \forall \quad \dfrac{ESt(zvE)}{zvE} < 0{,}25 \\[2ex]
ESt(v\ zvE) + \dfrac{ESt(zvE)}{zvE} * 0{,}56 * \pi & \forall \quad \begin{array}{l} \dfrac{ESt(zvE)}{zvE} \geq 0{,}25 \\ ao.\,EK \leq 5m\ EUR \end{array} \\[3ex]
\begin{array}{l} ESt(v\ zvE) + \dfrac{ESt(zvE)}{zvE} * 0{,}56 * 5m \\ + ESt_{\S\,34\,I}(\pi - 5m) \end{array} & \forall \quad ao.\,EK > 5m\ EUR
\end{cases}
$$

Formel 4: Einkommensteuer nach ermäßigtem Steuersatz

---

[238] *Horn.* (2015) in: H/H/R, EStG, § 34 Rn. 83; *Wacker* (2015) in: Schmidt, EStG, § 34 Rn. 55.
[239] *Graf* (2015) in: L/B/P, EStG, § 34 Rn. 141f., 144; *Herrmann* (2015) in: Frotscher/Geurts, EStG, § 34 Rn. 70 – 73; *Mellinghoff* (2015) in: Kirchhof, EStG, § 34 Rn. 45 – 49, 50.
[240] *Hey* (2013) in: Tipke/Lang, StR, § 8 Rn. 825; *Lindberg* (2015) in: Blümich, EStG, § 34 Rn. 4.
[241] *Horn.* (2015) in: H/H/R, EStG, § 34 Rn. 75; *Lindberg* (2015) in: Blümich, EStG, § 34 Rn. 77.
[242] *Mellinghoff* (2015) in: Kirchhof, EStG, § 34 Rn. 53; krit. *HoRn.* (2015) in: H/H/R, EStG, § 34 Rn. 84.

(iv) Belastungsvergleich von direkter Besteuerung und nachträglicher Besteuerung

Nachdem nun die Steuervergünstigungen der §§ 16, 34 EStG thematisiert wurden, können die verbleibenden Steuerbelastungen verglichen werden. Der Freibetrag nach § 16 Abs. 4 EStG wird nur für niedrige Veräußerungsgewinne gewährt und reduziert sich ab Überschreitung einer Freibetragshöchstgrenze, wobei er zusätzlich zur Steuervergünstigung des § 34 Abs. 1 oder Abs. 3 EStG genutzt werden kann (s. o.). Die Vorteilhaftigkeit des grds. nur einmalig beanspruchbaren, ermäßigten Steuersatzes gegenüber der Fünftel-Regelung ergibt sich bereits aus der Abstrakten Darstellung, da sich die Vergünstigung aus einer tatsächlichen Reduktion des Steuersatzes und nicht nur der Minderung des Progressionseffektes durch simulierte Streckung der Besteuerung ergibt.[243]

Zu prüfen ist aber, wie sich dies bei Kaufpreiszahlung durch wiederkehrende Leistungen auswirkt, denn hier besteht ein Wahlrecht zwischen der Direktversteuerung des Barwertes bei Anwendung der §§ 16, 34 EStG und nachträglicher Besteuerung bei Einzahlung. Laut *Gratz & Müller* kann eine Betriebsveräußerung gegen eine Leibrente „zu erheblichen Steuerersparnissen im Vergleich zum Barverkauf"[244] führen, was sie durch einen Barwertvergleich der Gesamtzuflüsse nach Steuern feststellten. Sie betrachteten die Fünftel-Regelung des § 34 Abs. 1 EStG nicht, da sie ihre Entlastungswirkung nur bei niedrigeren Einkünften bemerkbare entfaltet.[245] In ihrer Studie wurde der Nettoverkaufserlös der Sofortversteuerung in festverzinslichen Wertpapieren bzw. einer Rentenversicherung, die eine lebenslange Rente als Leibrente gewährt, angelegt und mit dem Zahlungsstrom der Veräußerung gegen Leibrente verglichen. Hierzu berechneten sie die Barwerte der betrachteten Alternativen und kamen zu dem Ergebnis, dass der Verkauf gegen eine Leibrente mit einer Steuerersparnis von ca. 30 % die beste Alternative sei, da die Versteuerung der stillen Reserven des Unternehmens bei einer Leibrente auf die restliche Lebenserwartung des Leibrentengläubigers verteilt wird. Bei ihrer modellierten Leibrente nach Sofortversteuerung kann nur der Gewinn nach

---

[243] Berechnung zu Beispiel im Anhang § 4 B. II. 1., S. 53 ff.
[244] *Gratz & Müller* (2000), DB, S. 696.
[245] *Gratz & Müller* (2000), DB, S. 693 m. V. a. *Herzig & Förster* (1999), DB, S. 715; siehe auch *Mellinghoff* (2015) in: Kirchhof, EStG, § 34 Rn. 57.
Gratz & Müller schrieben ihren Artikel nachdem die Besteuerung mit dem halben durchschnittlichen Steuersatz zum 01.01.1999 abgeschafft wurde. Den ihrer Zeit geplanten Gesetzesentwurf zur Wiedereinführung des Halbeinkünfteverfahrens sahen sie jedoch kritisch (vgl. *Gratz & Müller* (2000), DB, S. 693).

Steuern verrentet werden, bei der Leibrente mit Zuflussbesteuerung hingegen der Gewinn vor Steuern. Zwar fallen bei letzterem höhere Steuern während der Rentenbezugsdauer an, was wegen der zeitlichen Verschiebung zu einer signifikanten Steuerstundung und folglich einem höheren Kapitalwert führt.[246]

Im Jahr 2000, als *Gratz & Müller* ihre Studie durchführten, lag der Spitzensteuersatz der Einkommensteuer noch bei 51,00 % zzgl. 5,50 % Solidaritätszuschlag. In einer Sensitivitätsanalyse unterstellen sie eine Steuersenkung auf 45,00 % und einen Wegfall des Solidaritätszuschlages, was die Vorteilhaftigkeit der Veräußerung gegen eine Leibrente nochmals deutlich verbessert.[247] Zwar ist ein zeitnaher Wegfall des Solidaritätszuschlages hypothetisch,[248] doch die Grenzbelastung wurde zwischen 2001 und 2005 auf 42,00 % gesenkt.[249] Aktuell liegt der Spitzensteuersatz – wie auch in der Sensitivitätsanalyse unterstellt – wieder bei 45,00 % (§ 32a Abs. 1 S. 1 Nr. 5 EStG). Ein deutlich niedrigeres Zinsniveau[250] hat nur relative Effekte und beeinflusst die Absolute Vorteilhaftigkeit der Alternativen nicht, denn es stellt nur eine lineare Verschiebung der einzelnen Diskontierungen dar. Dennoch ist fraglich, wie sich die Rechtsänderungen hinsichtlich § 34 Abs. 3 EStG auf die Vorteilhaftigkeit ausgewirkt haben. Bei aktualisierter Nachbildung des Vergleichs von *Gratz & Müller,* für einen Verkaufspreis von 5m EUR unter Beachtung der Steuervergünstigungen des § 34 EStG, ist die nachträgliche Besteuerung nur noch geringfügig (+ 1,80 %) besser als der Barverkauf. Einen deutlich höheren Kapitalwert (+ 15,33 %) ergibt die Alternative der Sofortbesteuerung und Einzahlung in eine Rentenversicherung.[251] Bei einem Verkaufspreis von z. B. 20m EUR liefern die verschiedenen Alternativen nahezu indifferente Ergebnisse,[252] sodass eine allgemeingültige Aussage zur Vorteilhaftigkeit nur schwer möglich ist und – wie *Mellinghoff* empfiehlt – die Entscheidung einer „sorgfältigen Berechnung der verschiedenen Alternativen"[253] bedarf.

---

[246] *Gratz & Müller* (2000), DB, S. 695.
[247] *Gratz & Müller* (2000), DB, S. 696.
[248] Auch aktuell wird über ein „schrittweises Abschmelzen" des Solidaritätszuschlages bis 2030 diskutiert (vgl. Reuters (2015), Soli). Noch im Herbst 2014 war eine Abschaffung bei gleichzeitiger Erhöhung der Einkommensteuer im Gespräch, (vgl. FAZ (2014), Soli).
[249] BMF (2013), Grenzbelastung, Jahre 2000 bis 2005.
[250] Der Leitzins der EZB lag Anfang 2000 bei 3,00 % p. a. und wurde am 06.10.2000 von 4,50 % p. a. auf 4,75 % p. a. angehoben. Seit dem 10.09.2014 liegt er bei 0,05 % p. a. (vgl. Deutsche Bundesbank (2015), Zinsstatistik). Vom EZB Zinsniveau wird Abstrahiert und auf das allgemeine Niveau geschlossen.
[251] Berechnung zu Beispiel im Anhang § 4 B. II., S. 65 ff.
[252] Berechnung zu Beispiel im Anhang § 4 B. III., S. 69 f.
[253] *Mellinghoff* (2015) in: Kirchhof, EStG, § 34 Rn. 60.

c) Besteuerung nach dem GewStG

Steuersubjekt der Gewerbesteuer ist nicht der einzelne Mitunternehmer, sondern die Personengesellschaft selbst (§ 5 Abs. 1 S. 3 GewStG). Der Verkauf des gesamten Anteils an einer Personengesellschaft unterliegt nach § 7 S. 2 Nr. 2 GewStG nicht der Gewerbesteuer, wenn die Beteiligung unmittelbar auf eine natürliche Person entfällt, wodurch verhindert werden soll, dass Kapitalgesellschaften Wirtschaftsgüter über eine Personengesellschaft gewerbesteuerfrei verkaufen.[254] Die Gewerbesteuer entsteht mit Ablauf des Kalenderjahres (§§ 18, 14 S. 2 GewStG), was bei unterjährigen Gesellschafterwechseln zu Fragen der Be- und Entlastung führen kann. Oft partizipiert der Altgesellschafter noch bis zu seinem Ausscheiden am Gewinn, sodass ihm zeitanteilig hierfür ein Anteil am Gewerbesteuermessbetrag zugerechnet werden kann, er dann aber auch die anteilige Entlastung des § 35 EStG erhält. Der gesellschaftliche Verteilungsschlüssel und Vereinbarungen des Kaufvertrages sind hierfür maßgebend, wobei rückwirkende Gewinnänderungen unberücksichtigt bleiben.[255] Soweit Beteiligungsidentität auf Seiten des Käufers und Verkäufers besteht zählt der Veräußerungsgewinn zum laufenden Gewinn und unterliegt somit auch der Gewerbesteuer.[256]

II. Veräußerung von Bruchteilen eines Mitunternehmeranteils

Seit dem VZ 2002 zählen nach § 16 Abs. 1 S. 1 Nr. 2, S. 2 EStG nur anteilige Veräußerungen des Mitunternehmeranteils zum laufenden Gewinn, da die unternehmerische Tätigkeit hierdurch nicht beendet wird. Daher sind zum einen die Steuervergünstigungen nach §§ 16, 34 EStG zu verwehren, zum anderen unterliegt der Gewinn als laufender Gewinn der Gewerbesteuer.[257] Dies löst in der Praxis viele Probleme aus, da alle Alt- sowie der Neugesellschafter mit der höheren Gewerbesteuer aus dem Veräußerungsgewinn belastet werden. Es werden unterschiedliche gesellschafts- bzw. schuldrechtliche Vertragsklauseln diskutiert, um eine gewerbesteuerliche Freistellung

---

[254] *Drüen* (2015) in: Blümich, GewStG, § 7 Rn. 128 f.; *Roser* (2014) in: Lenski/Steinberg, GewStG, § 7 Rn. 323.
Verfassungsmäßigkeit: § 7 S. 2 GewStG verstößt laut BFH nicht gegen Gleichheitsgrundsatz des Art. 3 Abs. 1 GG, da sich Personen- und Kapitalgesellschaften grundlegend unterscheiden (vgl. BFH-Urteil vom 22.07.2010, IV R 29/07, BStBl. II 2011, 511, LS, Rn. 18, 43), aber aktuell ist hierzu noch eine Verfassungsbeschwerde bei BVerfG anhängig (BVerfG, 1 BvR 1236/11).
[255] *Füger & Rieger* (2002), DStR, S. 936 f.; *Levedag* (2015) in: H/H/R, EStG, § 35 Rn. 65.
[256] *Förster* (2002), DB, S. 1394; siehe auch § 2 B. I. 1. e), S. 25.
[257] BFH-Urteil vom 14.12.2006, IV R 3/05, BStBl. II 2007, 777, LS, Rn. 26.

durch den Veräußerer und mithin eine verursachungsgerechte Allokation der Steuerlast zu erreichen.[258]

C. Doppelstöckige bzw. mehrstöckige Personengesellschaft

Aufgrund zivilrechtlicher Teilrechtsfähigkeit der Personengesellschaft kann sie selbst Anteile an anderen Gesellschaften halten. Sie kann auch Mitunternehmer sein, wenn sie die hierfür notwendigen Voraussetzungen der Mitunternehmerinitiative und des Mitunternehmerrisikos erfüllt. § 15 Abs. 1 Satz 1 Nr. 2 Satz 2 EStG stellt den mittelbar, über andere Personengesellschaften beteiligte Gesellschafter, dem unmittelbar Beteiligten gleich und fingiert so seine Mitunternehmerstellung an der Untergesellschaft. Der laufende Gewinn der Untergesellschaft wird der Obergesellschaft zugewiesen und bei ihr auf die unmittelbaren Mitunternehmer verteilt.[259] Fraglich ist jedoch die Besteuerung der Veräußerung, wobei hier vier Konstellationen denkbar sind:[260]

1. Untergesellschafter veräußert gesamten Anteil an Untergesellschaft
2. Obergesellschafter veräußert gesamten Anteil an Obergesellschaft
3. Ober- und Untergesellschafter veräußert seine getrennten Anteile
4. Obergesellschaft veräußert gesamte Beteiligung an Untergesellschaft

Wenn eine natürliche Person als Untergesellschafter seinen gesamten Mitunternehmeranteil verkauft (Fall 1), gelten die Regeln des gewerbesteuerfreien und nach §§ 16, 34 EStG begünstigten Anteilsverkaufs der einstöckigen Mitunternehmerschaft.[261]

Wenn ein Obergesellschafter seinen Mitunternehmeranteil an der Obergesellschaft i. S. d. § 16 Abs. 1 S. 1 Nr. 2 EStG veräußert (Fall 2), umfasst der Veräußerungsgegenstand auch alle ihm zustehenden Anteile an den Untergesellschaften, sodass zum Veräußerungsgewinn auch die Realisierung von stillen Reserven bei der Untergesellschaft zählt.[262] Die FinV betrachtet die Veräußerung daher auch als einheitlichen Vorgang, für den die einmalige Beanspruchung der §§ 16 Abs. 4, 34 Abs. 3 EStG beantragt werden kann (R 16 Abs. 13 S. 8 EStR).[263] Gleiches gilt der FinV zufolge auch bei der

---

[258] *Füger & Rieger* (2002), DStR; S- 936 – 938; IDW (2011), Steuerinduzierten Klauseln; Rn. 20, 24; *Sinewe & Witzel* (2010) in: Brück/Sinewe, Unternehmenskauf, Rn. 320 f.
[259] *Grashoff & Kleinmanns* (2015), StR, Rn. 154 f.; *Niehus & Wilke* (2013), PersG, S. 339 – 345.
[260] *Baschnagel* (2015), BB, S. 352.
[261] *Baschnagel* (2015), BB, S. 352.; *Hottmann* (2013) in: Zimmermann et al., PersG, Kap. G Rn. 47.
[262] *Patt* (2015) in: H/H/R, EStG, § 16 Rn. 320; zur Wesentliche Betriebsgrundlagen der mehrstöckigen Personengesellschaft siehe *Patt* (2015) in: H/H/R, EStG, § 16 Rn. 296.
[263] OFD-Frankfurt am Main vom 16.09.2014, S 2241 A – 99 – St 213, DStR 2014, 2180; gl. A. auch *Förster* (2002), DB, S. 1396; *Schallmoser* (2015) in: Blümich, EStG, § 16 Rn. 689.

Gewerbesteuer, die bei einem einheitlichen Veräußerung nicht anfällt (R 7.1 Abs. 3 S. 5 GewStR).[264] *Reiß* hingegen sieht hierin, mit Verweis auf den Durchgriff der gesetzlichen Gesellschafterfiktion, zwei Veräußerungsvorgänge. Der Steuerpflichtige könne bei der Beantragung nur einmaliger Steuervergünstigungen wählen. Noch restriktiver sieht dies *Wacker* und lässt den Freibetrag für den Veräußerungsgewinn der Obergesellschaft exklusive des Veräußerungsgewinns der Untergesellschaft zu.[265] Dies hat auch Auswirkungen auf die Gewerbesteuerpflicht des Veräußerungsgewinns, die so nämlich nach § 7 S. 2 Nr. 2 GewStG nicht entfällt, da die Obergesellschaft als veräußernder Gesellschafter der Untergesellschafter keine natürliche Person ist.[266]

Wenn eine natürliche Person zugleich Ober- und Untergesellschafter ist und beiden Mitunternehmerbeteiligungen veräußert (Fall 3), handelt es sich um zwei getrennte Transaktionen. Der Veräußerer kann wählen, auf welchen Veräußerungsgewinn er §§ 16 Abs. 4, 34 Abs. 3 EStG[267] anwenden will. Für den anderen Veräußerungsgewinn verbleibt die Steuervergünstigung nach § 34 Abs. 1 EStG.[268] Bei Veräußerung der gesamten Beteiligung an der Untergesellschaft durch die Obergesellschaft (Fall 4), wird die Veräußerung wie ein mittelbarer Verkauf durch die Obergesellschafter behandelt. Auf den Veräußerungsgewinn können somit die Steuervergünstigungen der §§ 16, 34 EStG angewendet werden. Der Gewinn unterliegt jedoch der Gewerbesteuer, weil die Veräußerung nicht unmittelbar durch eine natürliche Person erfolgte.[269]

D. Veräußerung durch juristische Person

Erfolgt die Veräußerung des Mitunternehmeranteils durch eine Kapitalgesellschaft, so zählt der Veräußerungsgewinn zum laufenden Gewinn. Eine Befreiung von der Gewerbesteuerpflicht nach § 7 S. 2 Nr. 2 GewStG scheidet aus, da eben eine juristische und nicht natürliche Person unmittelbarer Gesellschafter ist. Er ist nicht nach §§ 16, 34 EStG begünstigt, allerdings gilt § 8b Abs. 2, Abs. 4 KStG, soweit die Veräußerungsgewinne aus Kapitalgesellschaftsanteilen resultieren.[270]

---

[264] *Drüen* (2015) in: Blümich, GewStG, § 7 Rn. 129; *Ludwig* (2007), BB, S. 2153 f.
[265] *Reiß* (2015) in: Kirchhof, EStG, § 16 Rn. 281; *Wacker* (2015) in: Schmidt, EStG, § 16 Rn. 407, 582.
[266] *Ludwig* (2007), BB, S. 2154; *Roser* (2014) in: Lenski/Steinberg, GewStG, § 7 Rn. 324a.
[267] Die Gewährung der Steuervergünstigung nach §§ 16 Abs. 4, 34 Abs. 3 EStG setzt in allen Fällen die Erfüllung der weiteren, personenbezogenen Tatbestandsvoraussetzungen voraus.
[268] *Baschnagel* (2015), BB, S. 353; *Hottmann* (2013) in: Zimmermann et al., PersG, Kap. G Rn. 48 f.
[269] OFD-Frankfurt am Main vom 16.09.2014, S 2241 A – 99 – St 213, DStR 2014, 2180; *Baschnagel* (2015), BB, S. 353; *Drüen* (2015) in: Blümich, GewStG, § 7 Rn. 129; *Förster* (2002), FR, S. 65.
[270] *Adolf* (2010) in: Brück/Sinewe, Unternehmenskauf, § 4 Rn. 99 f.; *Naujok* (2008) in: Lüdicke/Sistermann, UnternehmenStR, § 14 Rn. 43; *Roser* (2014) in: Lenski/Steinberg, GewStG, § 7 Rn. 323.

§ 3 Fazit

Bei einer M&A Transaktion einer Personengesellschaft sind zahlreiche Fallstricke zu beachten, die entweder Steuervergünstigungen nach §§ 16, 34 EStG ausschließen oder Gewerbesteuerverbindlichkeiten begründen können. Es ist deshalb darauf zu achten, dass alle Voraussetzungen des § 16 Abs. 1 S. 1 Nr. 2 EStG kumulativ erfüllt sind, um die gewünschten Rechtsfolgen zu erzielen. Um die Transaktion optimal zu gestalten und etwaige Wahlrechte sinnvoll zu nutzen, müssen einzelfallbezogene, sorgfältige Kalkulationen erfolgen, die ggf. auch nicht-monetäre Aspekte berücksichtigen. Hierbei könnten empiriebasierte, auf einem Barwertkalkül beruhende Intervalle zur Vorteilhaftigkeit als Entscheidungshilfe dienen. Viele gleichermaßen interessante als auch komplexe Fragen konnten nur kurz angesprochen oder gar nicht thematisiert werden. So sind (steuerliche) Umstrukturierungen ein wichtiges Thema der Transaktionsgestaltung. Steuerinduzierte Klauseln sind wichtiger Vertragsbestandteil, um Fehlallokationen durch unsachgemäße Gewerbesteuerzurechnung zu vermeiden.

Die Frage der Verfassungsmäßigkeit des § 7 S. 2 GewStG wird ein spannendes Thema der Zukunft sein. Gleiches gilt für die weitere Gesamtplanrechsprechung sowie eine etwaige gesetzliche Regelung hierzu. Alles in allem bleiben ertragsteuerliche Konsequenzen von M&A Transaktionen bei Personengesellschaften ein wichtiges, praxisrelevantes und spannendes Thema.

§ 4 Anhang

Der Anhang enthält Daten und Berechnungen zur Verdeutlichung.

A. Kapitel § 1 – Einleitung

I. Statistische Übersicht zur Anzahl der Rechtsformen

1. Unternehmen nach zusammengefassten Rechtsformen

Die nachfolgende Tabelle stellt Unternehmen in Abhängigkeit der gewählten Rechtsform und ihrer Mitarbeiteranzahl dar.

Rechtsformen	Unternehmen nach Mitarbeitern				
	Insgesamt	0 - 9*	10 - 49	50 - 249	> 250
Einzelunternehmer	2.338.778	2.281.268	55.323	2.098	89
Personengesellschaft	451.500	388.672	48.319	11.899	2.610
Kapitalgesellschaft	656.975	479.457	133.514	35.874	8.130
Sonstige Rechtsformen	216.179	179.848	27.248	7.032	2.051
Insgesamt	3.663.432	3.329.245	264.404	56.903	12.880

* Einschließlich Unternehmen ohne sozialversicherungspflichtig Beschäftigte, aber mit steuerbarem Umsatz aus Lieferungen und Leistungen.

Rechtsformen	Unternehmen nach Mitarbeitern		
	Insgesamt	0 bis 249	> 250
Einzelunternehmer	63,8412 %	63,839 %	0,0024 %
Personengesellschaft	12,3245 %	12,253 %	0,0712 %
Kapitalgesellschaft	17,9333 %	17,711 %	0,2219 %
Sonstige Rechtsformen	5,9010 %	5,845 %	0,0560 %
Insgesamt	100 %	99,648 %	0,3516 %

Tabelle 1: Unternehmen nach zusammengefassten Rechtsformen[271]

---

[271] Stand: 31.05.2014: Eigene Darstellung in Anlehnung an DESTATIS (2014), Unternehmensregister.

Statistisch inkorrekterweise wird bei der Einordnung als KMU von der Umsatzgröße Abstrahiert bzw. sie wird als erfüllt unterstellt. Die Werte für Unternehmen der Abschnitte B – N und P – S mit steuerbarem Umsatz aus Lieferungen und Leistungen und / oder mit sozialversicherungspflichtig Beschäftigten stammen noch aus dem Berichtsjahr 2012.

2. Anzahl der Personengesellschaften und Summe ihrer Einkünfte

Zunächst wird die Anzahl der einzelnen Gesellschaftsformen von Personengesellschaften angegeben sowie die Summe der jeweiligen Einkünfte i. S. d. EStG; die anschließende Tabelle zeigt die Anteile.

Gesellschaftsform	Anzahl	Summe der Einkünfte
Offene Handelsgesellschaft	20.345	2.560.563.000,00 €
Kommanditgesellschaft	27.757	11.528.717.000,00 €
GmbH & Co. KG	174.198	51.154.175.000,00 €
Gesellschaft bürgerlichen Rechts	502.836	29.706.331.000,00 €
Insgesamt	725.136	94.949.786.000,00 €

Gesellschaftsform	Anteil	Anteil an SdE
Offene Handelsgesellschaft	2,8057%	2,6968%
Kommanditgesellschaft	3,8278%	12,1419%
GmbH & Co. KG	24,0228%	53,8750%
Gesellschaft bürgerlichen Rechts	69,3437%	31,2864%
Insgesamt	100%	100%

Tabelle 2: Anzahl Personengesellschaften und Summe ihrer Einkünfte[272]

Da die Statistik auf Werten des Steuerfestsetzungsverfahrens 2009 beruht, liegen keine aktuelleren Werte vor. Im Vergleich zur Statistik der zusammengefassten Rechtsformen ist eine deutliche Abweichung von über 250.000 bei der Gesamtanzahl der Personengesellschaften zu konstatieren. Mögliche Ursachen und Gründe können hier jedoch nicht weiter thematisiert werden. Darüber hinaus fallen die Differenzen zwischen dem Anteil an der Gesellschaftsanzahl und dem Anteil an der Summe der Einkünfte

---

[272] Stand: 31.12.2009: Eigene Darstellung in Anlehnung an DESTATIS (2014), Statistik PersG, S. 15 f.

auf: KG und GmbH & Co. KG realisieren ein Vielfaches wohingegen der Anteil der GbR an der Summe der Einkünfte weniger als die Hälfte ausmacht.

II. Besteuerung von Personengesellschaften

1. Gesellschafts-GuV

Vereinfacht dargestellt berechnet sich der Gewinn der Gesellschaft nach der Gesellschafts-GuV wie folgt:

	Erträge der Gesamthand
-	Vergütungen an Gesellschafter A und B
-	gesellschaftlicher (übriger) Aufwand
=	Gewinn der Gesellschaft

Formel 5: Gewinn der Gesellschaft[273]

Dieser wird anteilig, nach gesetzlicher Regelung (GbR: § 722 Abs. 1 BGB; OHG; § 121 Abs. 1 bis Abs. 3 HGB; KG: § 168 Abs. 1 i. V. m. § 121 Abs. 1 bis Abs. 3 HGB) auf die Gesellschafter verteilt, sofern keine vorrangige gesellschaftsvertragliche Regelung vorliegt.

2. Sonder-GuV

In die Sonder-GuV fließen die von der Gesellschaft an den Gesellschafter gewährten Sondervergütungen, so wie seine Sonderbetriebseinnahmen bzw. Sonderbetriebsausgaben ein. Das Sonder-GuV-Ergebnis berechnet sich also folgendermaßen:

	Sondervergütung des Gesellschafters X
+	sonstige Sonderbetriebseinnahmen X
-	Sonderbetriebsausgaben X
=	Ergebnis der Sonder-GuV X

Formel 6: Sonder-GuV-Ergebnis[274]

---

[273] Darstellung nach *Niehus & Wilke* (2013), PersG, S. 64.
[274] Darstellung nach *Niehus & Wilke* (2013), PersG, S. 64.

3. Steuerliches Gesamtergebnis der Mitunternehmerschaft

Das steuerliche Gesamtergebnis jedes Gesellschafters ergibt sich zunächst aus seinem Ergebnis der 1. Stufe, also seinem Anteil am Gesellschaftsgewinn und der Ergänzungs-GuV, und seinem Ergebnis der 2. Stufe, also seinem Ergebnis der Sonder-GuV:

	Ergebnis der 1. Stufe von Gesellschafter X
+/-	Ergebnis der Sonderbilanz von X
=	Gewinn von Gesellschafter X = G_X

Formel 7: Gewinn des einzelnen Gesellschafters[275]

Das steuerliche Gesamtergebnis der Mitunternehmerschaft (MU) ergibt sich als Summe der Gewinne (G_i) aller N einzelnen Gesellschafter (i):

$$Gesamtgewinn_{MU} = \sum_{i=1}^{N} G_i$$

Formel 8: Steuerlicher Gesamtgewinn der Mitunternehmerschaft

B. Kapitel § 1 – Belastungsvergleich: Einmalzahlung vs. Leibrente

I. Übersicht der Gestaltungsmöglichkeiten

	Alternative I	Alternative II	Alternative III
Verkauf gegen	Einmalzahlung	Einmalzahlung	Leibrente
Steuerliche Behandlung	Sofortbesteuerung	Sofortbesteuerung	Zuflussbesteuerung
Wiederanlage	Festverzinsliche Wertpapiere	Leibrente	-
Steuerliche Behandlung	Einkünfte aus Kapitalvermögen	Sonstige Einkünfte	-

Tabelle 3: Gestaltungsalternativen bei Unternehmensverkauf in Studie von Gratz & Müller[276]

---

[275] Darstellung nach *Niehus & Wilke* (2013), PersG, S. 64.
[276] Darstellung nach *Gratz & Müller* (2000), DB, S. 694.

II. Basisbeispiel von *Gratz & Müller*

Gratz & Müller gingen von folgendem Beispiel aus: „Ein Steuerpflichtiger verkauft ein Unternehmen zum Preis von 10m DEM (5m EUR), dessen Buchwert sich auf 1m DEM (500k EUR) beläuft. Der Veräußerer hat das 55. Lebensjahr vollendet. Entsprechend den aktuellen Sterbetafeln hat er als Mann eine Restlebenserwartung von durchschnittlich 23 Jahren. Als einheitlicher Kapitalmarktzins wird zunächst von 5,50% ausgegangen. Der Steuersatz beträgt 51,00 % (aktuell 45,00 %) zzgl. Solidaritätszuschlag i. H. v. 5,50 %, dies ergibt einen kombinierten Ertragsteuersatz von 53,805 % (aktuell 47,475 %). Der Ertragshundertsatz nach § 22 EStG beträgt bei einem 55-jährigen 38,00 % (aktuell 26,00 % nach § 22 Nr. 1 a bb EStG)."[277]

Alternative	Alternative 0 Barverkauf und Begünstigungen nach §§ 16 Abs. 4, 34 EStG	Alternative I Sofortbesteuerung und Anlage am perfekten Kapitalmarkt	Alternative II Sofortbesteuerung und Anlage in Leibrente	Alternative III Nachträgliche Besteuerung einer Leibrente
Nachbildung der Version von *Gratz & Müller*	2.946.764,28 €	2.863.625,00 €	3.243.248,45 €	3.622.514,78 €
Version b	3.812.941,60 €	3.812.941,60 €	4.503.549,61 €	3.882.961,86 €
Prozentuale Abweichung im	-52,8303%	-57,2674%	-38,8592%	-24,3211%
Vergleich zur besten Alternative	-18,1122%	-18,1122%	0,0000%	-15,9823%
Prozentuale Abweichung zur	-29,3942%	-33,1509%	-17,5655%	-5,2568%
besten Alternative 0	0,0000%	0,0000%	15,3347%	1,8033%

Tabelle 4: Ergebnisübersicht des Basisbeispiels von Gratz & Müller[278]

1. Alternative I: Verkauf gegen Einmalzahlung

Zum Vergleich der Alternativen müssen ihre Cash Flow Größen, also der netto Verkaufserlös, verglichen werden, nicht die jeweiligen Veräußerungsgewinne. Nach Abzug der Steuerbelastung mit dem Steuersatz (t), die sich auf den Veräußerungsgewinn (π) bezieht, resultiert aus dem brutto Verkaufspreis (p_b) bei einmaliger Barzahlung bzw. die Sofortbesteuerung einer barwertgleichen Rente (r) bei einem modellmäßigen einheitlichen Kapitalmarktzins (i) ein netto Verkaufspreis (p_n) bzw. Kapitalwert (K^I) von 2.863.625,00 EUR.[279]

---

[277] *Gratz & Müller* (2000), DB, S. 695.
[278] Eigene Berechnung in Anlehnung an Studie von *Gratz & Müller* (2000), DB.
[279] *Gratz & Müller* (2000), DB; S. 694 f.

$$r = p_n * ANF(T, i)$$

$$K_0^I = r * RBF(T, i) = p_n * \frac{i}{1 - q^{-T}} * \frac{1 - q^{-T}}{i} = p_n$$

$$= p_b - \pi * (1 - t)$$

$$= 5.000.000 - (5.000.000 - 500.000) * (1 - 0,47475)$$

$$= 2.863.625,00 \; EUR$$

a) Fünftel-Regelung nach § 34 Abs. 1 EStG

Alternative Ib versucht die Progression des § 32a Abs. 1 S. 2 EStG sowie Steuervergünstigungen nach §§ 16 Abs. 4, 34 Abs. 1 bzw. Abs. 3 EStG zu berücksichtigen, wobei § 16 Abs. 4 EStG regelmäßig ausscheidet, da die Freibetragshöchstgrenze überschritten wird.

Alternative	Alternative 0 Barverkauf und Begünstigungen nach §§ 16 Abs. 4, 34 EStG	Alternative I Sofortbesteuerung und Anlage am perfekten Kapitalmarkt	Alternative II Sofortbesteuerung und Anlage in Leibrente	Alternative III Nachträgliche Besteuerung einer Leibrente
Nachbildung der Version von *Gratz & Müller*	2.946.764,28 €	2.863.625,00 €	3.243.248,45 €	3.622.514,78 €
Version b	3.812.941,60 €	3.812.941,60 €	4.503.549,61 €	3.882.961,86 €
Prozentuale Abweichung im Vergleich zur besten Alternative	-52,8303%	-57,2674%	-38,8592%	-24,3211%
	-18,1122%	-18,1122%	0,0000%	-15,9823%
Prozentuale Abweichung zur besten Alternative 0	-29,3942%	-33,1509%	-17,5655%	-5,2568%
	0,0000%	0,0000%	15,3347%	1,8033%

Die Steuervergünstigung des § 34 Abs. 1 EStG wird nur der Vollständigkeit halber dargestellt und führt stets zu einer geringeren Ersparnis als § 34 Abs. 3 EStG. Zudem konvergiert sein Effekt mit steigenden Einkünften im Bereich des Spitzensteuersatzes gegen null.

Veräußerungspreis		5.000.000,00 €
+ Hinzurechnung nach § 16 Abs. 3 S. 7 EStG analog		- €
- Veräußerungskosten		- €
- Wert des Betriebsvermögens (= Kapitalkonto)	-	500.000,00 €
= Veräußerungsgewinn (brutto)		4.500.000,00 €

Veräußerungsgewinn (brutto)		4.500.000,00 €
- Freibetrag nach § 16 Abs. 4 EStG		- €
= Veräußerungsgewinn nach Freibetragsabzug		4.500.000,00 €

zu versteuerndes Einkommen (§ 2 Abs. 5 EStG)		4.500.000,00 €
- ao. Einkünfte i. S. d. § 34 Abs. 2 EStG	-	4.500.000,00 €
= verbleibendes zvE i. S. d. § 34 Abs. 1 EStG		- €

verbleibendes zvE i. S. d. § 34 Abs. 1 EStG		- €
+ 1/5 der ao. Einkünfte i. S. d. § 34 Abs. 2 EStG		900.000,00 €
= v zvE + 1/5 ao. EK		900.000,00 €

1 Einkommensteuer auf zvE	2.009.239,00 €
2 Einkommensteuer auf v zvE + 1/5 ao. EK	389.239,00 €
3 Einkommensteuer auf v zvE	- €

Differenz von (2) und (3)	389.239,00 €
4 Fünfaches der Differenz	1.946.195,00 €

Veräußerungspreis		5.000.000,00 €
- Einkommensteuer	-	1.946.195,00 €
- Solidaritätszuschlag	-	107.040,73 €
= Verkaufspreis (netto)		**2.946.764,28 €**

So bleibt auch nur ein geringer Unterschied zu Alternative I zu konstatieren, der zum Teil auf der genaueren Progressionsbetrachtung und zum Teil auf der geringen Steuerersparnis des § 34 Abs. 1 EStG beruht.

b)   Ermäßigter Steuersatz nach § 34 Abs. 3 EStG

Zwar führt die genauere Progression nur zu einer geringen Steuerersparnis, der nach § 34 Abs. 3 EStG ermäßigte Steuersatz aber zu einem deutlichen Unterschied und ergibt eine netto Veräußerungspreis bzw. Kapitalwert (K^{Ib}) von 3.812.941,60 EUR.

Veräußerungsgewinn (brutto)		4.500.000,00 €
- Freibetrag nach § 16 Abs. 4 EStG		- €
= Veräußerungsgewinn nach Freibetragsabzug		4.500.000,00 €

zu versteuerndes Einkommen (§ 2 Abs. 5 EStG)		4.500.000,00 €
- ao. Einkünfte i. S. d. § 34 Abs. 2 EStG	-	4.500.000,00 €
= verbleibendes zvE i. S. d. § 34 Abs. 1 EStG		- €

1 Einkommensteuer auf v zvE	- €
2 Einkommensteuer auf zvE	2.009.239,00 €
3 Ermäßigter Ø Steuersatz i. H. v. 56 %	25,0039%

Einkommensteuer ermäßigtem Steuersatz	1.125.173,84 €

Veräußerungspreis		5.000.000,00 €
- Einkommensteuer	-	1.125.173,84 €
- Solidaritätszuschlag	-	61.884,56 €
= Verkaufspreis (netto)		**3.812.941,60 €**

2. Alternative II: Sofortbesteuerung und Anlage in Leibrente

Der Kapitalwert aus Alternative I bzw. Ib kann in einer lebenslangen Rentenversicherung für die restliche Lebenserwartung angelegt werden, aus der eine jährliche brutto Rente gezahlt wird.[280]

$$r_b = K_0^I * ANF(T, i)$$

$$= 2.863.625,00 * \frac{0,055}{1 - (1 + 0,55)^{-23}} = 222.416,74 \; EUR$$

Auf die Rente (r_b) entfällt i. H. d. Ertragsanteils Einkommensteuer zzgl. Solidaritätszuschlag. Nach ihrem Abzug verbleibt die jährliche netto Rente.

$$r_n = 222.416,74 * (1 - 0,26 * 0,47475) = 194.962,73 \; EUR$$

Der Zahlungsstrom der netto Renten wird mit dem Zinssatz (i) nach Steuern diskontiert, sodass Rentenbarwert K^{II} bei einer restlichen Lebenserwartung von 23 Jahren 3.243.248,45 EUR beträgt.

$$i_n = i * (1 - t) = 0,055 * (1 - 0,47475) = 2,889\%$$

$$K_0^{II} = 194.962,73 \; \frac{1 - (1 + 0,02889)^{-23}}{0,02889} = 3.243.248,45 \; EUR$$

Unter Berücksichtigung der Steuervergünstigung nach § 34 Abs. 3 EStG führt Alternative II zu einem deutlich höheren Rentenbarwert K^{IIb} i. H. v. 4.503.549,61 EUR.

Nettoverkaufspreis = Barwert Alternative Ib	3.812.941,60 €
Höhe der jährlichen Leibrente	296.149,83 €
Jährlich zu versteuernder Anteil der Rente	76.998,96 €
- Tarifliche Einkommensteuer (ESt + SolZ)	25.426,09 €
= Renteneinkünfte (netto)	270.723,74 €
Barwert der Rente = Barwert Alternative IIb	**4.503.549,61 €**

3. Alternative III: Nachträgliche Besteuerung einer Leibrente

Bei der Leibrente kann der brutto Verkaufserlös in eine Leibrente investiert werden, aus der eine jährliche Leibrente (r^L) gezahlt werden kann.[281]

---

[280] *Gratz & Müller* (2000), DB; S. 694 f.
[281] *Gratz & Müller* (2000), DB; S. 694 f.

$$r_b^L = p_b * ANF(T, i)$$

$$= 5.000.000,00 * \frac{0,055}{1 - (1 + 0,55)^{-23}} = 388.348,24 EUR$$

Aus diesem Zahlungsstrom ergibt sich bei Alternative III ein Rentenbarwert K^{III} von 3.622.514,78 EUR.

Jahr	jährliche Rente	Steuerliches Einkommen	Steuern	Rente nach Steuern	Barwert der Rente
0	- €	- €	- €	- €	- €
1	388.348,24 €	- €	- €	388.348,24 €	377.444,34 €
2	388.348,24 €	276.696,47 €	131.361,65 €	256.986,59 €	242.758,04 €
3	388.348,24 €	388.348,24 €	184.368,32 €	203.979,91 €	187.276,01 €
...	...	...	...	...	...
23	388.348,24 €	388.348,24 €	184.368,32 €	203.979,91 €	105.953,12 €
Summe	8.932.009,42 €	8.432.009,42 €	4.003.096,47 €	4.928.912,95 €	**3.622.514,78 €**

Die Differenz von Alternative III zu Alternative IIIb ist relativ gering, da ein begünstigter Steuersatz nach § 34 Abs. 3 EStG bei der Leibrente entfällt. Sie beruht ausschließlich auf der Einbeziehung der Progressionswirkung. Es führt zu einem Kapitalwert K^{IIIb} i. H. v. 3.882.961,86 EUR.

Jahr	jährliche Rente	Steuerliches Einkommen	Steuern	Rente nach Steuern	Barwert der Rente
0	- €	- €	- €	- €	- €
1	388.348,24 €	- €	- €	388.348,24 €	377.444,34 €
2	388.348,24 €	276.696,47 €	114.733,79 €	273.614,44 €	258.465,26 €
3	388.348,24 €	388.348,24 €	167.740,47 €	220.607,77 €	202.542,21 €
...	...	...	...	...	...
23	388.348,24 €	388.348,24 €	167.740,47 €	220.607,77 €	114.590,12 €
Summe	8.932.009,42 €	8.432.009,42 €	3.637.283,66 €	5.294.725,76 €	**3.882.961,86 €**

III. Eigenes Beispiel mit aktualisierten Werten

Ein Steuerpflichtiger verkauft seine Mitunternehmeranteil zum Preis von 20m EUR[282], dessen Buchwert sich auf 2m EUR[283] beläuft. Er hat das 55. Lebensjahr gerade vollendet und hat entsprechend den aktuellen Sterbetafeln[284] als Mann eine Restlebenserwartung von durchschnittlich 25,37 Jahren. Es wird von einem Kapitalmarktzinssatz von 1,16 %[285] ausgegangen. Der Spitzensteuersatz beträgt nach § 32a Abs. 1 S. 2 Nr. 5

---

[282] Aktuell wird im Zusammenhang mit der Änderung des ErbStG diskutiert, ob eine Bedürftigkeitsprüfung ab einer Freigrenze von 20m EUR erfolgen soll (vgl. BMF (2015), Entwurf ErbStG).
[283] Das Verhältnis von Buchwert des Kapitalkontos zu Verkaufspreis bleibt wie bei *Gratz & Müller* bei 1:10.
[284] DESTATIS (2013), Sterbetafel.
[285] statista (2015), Entwicklung des Kapitalmarktzinssatzes: 2000 betrug der Kapitalmarktzinssatz noch 5,26 % und lag damit nahe des von *Gratz & Müller* unterstellten Zinses – sowie des gesetzlich normierten Diskontierungszinssatzes.

EStG 45,00 % zzgl. Solidaritätszuschlag i. H. v. 5,50 %, was einen kombinierten Ertragsteuersatz von 47,475 % ergibt. Der Ertragsanteil nach § 22 Nr. 1 a bb EStG beträgt bei einem 55-jährigen 26,00 % nach.[286]

Alternative	Alternative 0 Barverkauf und Begünstigungen nach §§ 16 Abs. 4, 34 EStG	Alternative I Sofortbesteuerung und Anlage am perfekten Kapitalmarkt	Alternative II Sofortbesteuerung und Anlage in Leibrente	Alternative III Nachträgliche Besteuerung einer Leibrente
Nachbildung der Version von *Gratz & Müller*	11.537.639,28 €	11.454.500,00 €	10.762.216,05 €	12.048.080,08 €
Version b	12.584.675,83 €	12.584.675,83 €	12.138.836,52 €	12.399.627,06 €
Prozentuale Abweichung im Vergleich zur besten Alternative	-9,0750%	-9,8667%	-16,9339%	-4,4538%
	0,0000%	0,0000%	-3,6728%	-1,4924%
Prozentuale Abweichung zur besten Alternative 0	-9,0750%	-9,8667%	-16,9339%	-4,4538%
	0,0000%	0,0000%	-3,6728%	-1,4924%

Tabelle 5: Ergebnisübersicht des modifizierten Beispiels

---

[286] Beispiel in Anlehnung an *Gratz & Müller* (2000), DB, S. 695.

§ 5 Quellenverzeichnisse

A. Literaturverzeichnis

A   *Achleitner, Ann-Kristin* (2002) - Investment-Banking:
Handbuch Investment-Banking, 3. Auflage;
Wiesbaden, 2002: Gabler Verlag.

Achleitner, Ann-Kristin & Nathusius, Eva (2004) - Valuation:
Venture Valuation - Bewertung von Wachstumsunternehmen, Klassische
und neue Bewertungsverfahren;
Stuttgart, 2004: Schäffer-Poeschel Verlag.

Alpmann, Josef A. (2014) - BGB-AT:
Bürgerliches Recht - Allgemeiner Teil - 1. Band, 19. Auflage;
Münster, 2014: Verlag Alpmann-Schmidt.

Alpmann, Josef A. (2014) - GesellschaftsR:
Gesellschaftsrecht, 16 Auflage;
Münster, 2014: Verlag Alpmann-Schmidt.

B   *Baschnagel, Matthias* (2015) - BB:
Ertragsteuerliche Aspekte doppelstöckiger Personengesellschaften;
In: Betriebs Berater 2015, Nr. 7, S. 349–354.

Becker, Wolfgang; Ulrich, Patrick & Zimmermann, Lisa (2014) - BB:
M&A in mittelständischen Unternehmen - Best Practices für den Akquisitionsprozess;
In: DER BETRIEB 2014, Nr. 15 vom 11.04.2014, S. 789–794.

Beisel, Wilhelm & Klumpp, Hans-Hermann (2009) - Unternehmenskauf:
Der Unternehmenskauf - Gesamtdarstellung der zivil- und steuerrechtlichen
Vorgänge einschließlich gesellschafts-, arbeits- und kartellrechtlicher Fragen bei der Übertragung eines Unternehmens, 6. Auflage;
München, 2009: C. H. Beck.

Birk, Dieter; Desens, Marc & Tappe, Henning (2013) - StR:
Steuerrecht, 16. Auflage;
Heidelberg, München, 2013: C. F. Müller Verlag.

Blümich, Walter (2015) - EStG:
EStG, KStG, GewStG - Einkommensteuergesetz, Körperschaftsteuergesetz,
Gewerbesteuergesetz, Loseblatt-Kommentar, 16. Auflage (126. Ergänzungslieferung, Stand: März 2015 [abgerufen über beck-online]);
München, 2015: Verlag Vahlen.

Zitiert als *Bearbeiter* in: Blümich.

BMF (2013) - Grenzbelastung:
Grenzbelastung nach Tarifen 1958 bis 2014;
Berlin, 2013: Bundesministerium der Finanzen;
Online verfügbar unter: https://www.bmf-steuerrechner.de/uebersicht_ekst/tarifhist_grenzb_gt.pdf, zuletzt aktualisiert am 2013, zuletzt geprüft am 27.02.2015.

BMF (2015) - Entwurf ErbStG:
„Unser Entwurf ist alles in allem sehr maßvoll" - Interview zu Erbschaftsteuer;
Berlin, 2015: Bundesministerium der Finanzen;
Online verfügbar unter: http://www.bundesfinanzministerium.de/Content/DE/Interviews/2015/2015-03-04-stuttgarter-zeitung.html, zuletzt aktualisiert am 04.03.2015, zuletzt geprüft am 22.03.2015.

BMWi (2014) - Wirtschaftsmotor Mittelstand:
Wirtschaftsmotor Mittelstand - Zahlen und Fakten zu den deutschen KMU;
Berlin, 2014: Bundesministerium für Wirtschaft und Energie;
Online verfügbar unter: http://www.bmwi.de/BMWi/Redaktion/PDF/W/wirtschaftsmotor-mittelstand-zahlen-und-fakten-zu-den-deutschen-kmu,property=pdf,bereich=bmwi2012,sprache=de,rwb=true.pdf, zuletzt aktualisiert am 12.2014, zuletzt geprüft am 12.02.2015.

Brück, Michael J. J. & Sinewe, Patrick (2010) - Unternehmenskauf:
Steueroptimierter Unternehmenskauf, 2. Auflage ;
Wiesbaden, 2010: Gabler Verlag.

Zitiert als Bearbeiter in: Brück/Sinewe.

D   Dauner-Lieb, Barbara & Langen, Werner (2012) - BGB-Komm:
Bürgerliches Gesetzbuch: BGB, 2. Auflage, Band 2 von 6 ;
Baden-Baden, 2012: Nomos Verlag.

Zitiert als Bearbeiter in: Dauner-Lieb/Langen.

DESTATIS (2013) - Sterbetafel:
Sterbetafeln und Lebenserwartung - Sterbetafel 2009/2011;
Wiesbaden, 2013: Statistisches Bundesamt;
Online verfügbar unter: https://www.destatis.de/DE/ZahlenFakten/GesellschaftStaat/Bevoelkerung/Sterbefaelle/AktuellPeriodensterbetafeln.html, zuletzt aktualisiert am 18.02.2013, zuletzt geprüft am 22.03.2015.

DESTATIS (2014) - Statistik PersG:
Statistik über die Personengesellschaften - Lohn- und Einkommensteuer;
Wiesbaden, 2014: Statistisches Bundesamt;
Online verfügbar unter: https://www.destatis.de/DE/Publikationen/Thematisch/FinanzenSteuern/Steuern/LohnEinkommensteuer/LohnEinkommensteuerstatistik5731101097004.pdf?__blob=publicationFile, zuletzt aktualisiert am 17.01.2015, zuletzt geprüft am 12.02.2015.

DESTATIS (2014) - Unternehmensregister:
Unternehmensregister - Unternehmen nach zusammengefassten Rechtsformen;
Wiesbaden, 2014: Statistisches Bundesamt;
Online verfügbar unter: https://www.destatis.de/DE/ZahlenFakten/GesamtwirtschaftUmwelt/UnternehmenHandwerk/Unternehmensregister/Tabellen/UnternehmenRechtsformenWZ2008.html#Fussnote2, zuletzt aktualisiert am 31.05.2014, zuletzt geprüft am 12.02.2015.

Deutsche Bundesbank (2015) - Zinsstatistik:
Zinsstatistik - EZB-Zinssätze;
Frankfurt am Main, 2015: Deutsche Bundesbank;
Online verfügbar unter: http://www.bundesbank.de/Redaktion/DE/Downloads/Statistiken/Geld_Und_Kapitalmaerkte/Zinssaetze_Renditen/S11BTTEZBZINS.pdf;jsessionid=0000xGgjICZBv8pZSkL6jdEUrCI:-1?__blob=publicationFile, zuletzt aktualisiert am 10.09.2014, zuletzt geprüft am 27.02.2015.

dpa - Reuters (2015) - HB:
Tiefkühltorten-Hersteller geht an Dr. Oetker - Deutschlands größten Tiefkühltorten-Hersteller hat einen neuen Besitzer;
In: Handelsblatt 2015 vom 05.03.2015;
Online verfügbar unter: http://www.handelsblatt.com/unternehmen/handel-konsumgueter/coppenrath-und-wiese-tiefkuehltorten-hersteller-geht-an-dr-oetker/11463084.html, vom 05.03.2015, zuletzt geprüft am 05.03.2015.

Dullinger, Silvia (2010) - SchuldR-AT:
Bürgerliches Recht - Schuldrecht, Allgemeiner Teil - 3. Band, 4. Auflage;
Wien, New York, 2010: Springer.

DZ Bank (2013) - Nachfolge:
Ein Viertel aller Mittelständler sucht in den kommenden fünf Jahren einen Nachfolger - Pressemitteilung;
Frankfurt am Main, 2013: DZ Bank AG;
Online verfügbar unter: https://www.dzbank.de/content/dzbank_de/de/home/dzbank/presse/news-archiv/2013.2013.23_09_2013_mium_unternehmensnachfolge.html, zuletzt aktualisiert am 23.09.2013, zuletzt geprüft am 12.02.2015.

F   *Fackler, Matthias & Schacht, Ulrich* (2012) - Unternehmensbewertung:
Praxishandbuch Unternehmensbewertung - Grundlagen, Methoden, Fallbeispiele, 2. Auflage;
Wiesbaden, 2012: Gabler Verlag.

FAZ (2014) - Soli:
Will Schäuble den Soli Abschaffen?;
Frankfurt am Main, 2014: Frankfurter Allgemeine Zeitung;
Online verfügbar unter: http://www.faz.net/aktuell/wirtschaft/wirtschaftspolitik/schaeuble-plant-angeblich-Abschaffung-des-solidaritaetszuschlags-

13143230.html, zuletzt aktualisiert am 09.09.2014, zuletzt geprüft am 27.02.2015.

Flicke, Florian (2014) - HB:
Projekt Generationswechsel - Nachfolge im Mittelstand;
In: Handelsblatt 2014 vom 11.06.2014;
Online verfügbar unter: http://www.handelsblatt.com/unternehmen/mittelstand/hidden_champions/nachfolge-im-mittelstand-projekt-generationswechsel/9885804-all.html, vom 11.06.2014, zuletzt geprüft am 13.02.2015.

Förster, Guido (2002) - DB:
Kauf und Verkauf von Unternehmen nach dem UntStFG;
In: DER BETRIEB 2002, Nr. 27 vom 12.07.2002, S. 1394–1401.

Förster, Guido & Schmidtmann, Dirk (2003) - StuW:
Die Gesamtplanrechtsprechung im Steuerrecht - mit einem Vergleich der sog. "Step transaktion doctrine" im amerikanischen, britischen und belgischen Steuerrecht;
In: Steuer und Wirtschaft 2003 vom 01.05.2003, S. 114–124.

Förster, Ursula (2002) - FR:
Übertragung von Mitunternehmeranteilen im Ertragsteuerrecht;
In: Finanz-Rundschau Ertragsteuerrecht 2002, Nr. 12, S. 649–657.

Frotscher, Gerrit & Geurts, Matthias (2015) - EStG:
EStG - Kommentar zum Einkommensteuergesetz, Praxis-Kommentar (185. Ergänzungslieferung, Stand: März 2015 [abgerufen über HAUFE.Steuer Office]);
Freiburg, 2015: Haufe.

Zitiert als *Bearbeiter* in: Frotscher/Geurts.

Füger, Rolf & Rieger, Norbert (2002) - DStR:
Veräußerung von Mitunternehmeranteilen und Gewerbesteuer - Grundfragen der Bestimmung des § 7 Satz 2 GewStG;
In: Deutsches Steuerrecht 2002, Nr. 23 vom 07.06.2002, S. 933–938.

G   *Grashoff, Dietrich & Kleinmanns, Florian* (2015) - StR:
Aktuelles Steuerrecht 2015 - Alle wichtigen Steuerarten, Verfahrensrecht, aktuelle Gesetzesänderungen 2015, 11. Auflage;
München, 2015: C. H. Beck.

Gratz, Kurt & Müller, Rolf (2000) - DB:
Unternehmensverkauf gegen Leibrente - Ein Ausweg aus der Steuerfalle;
In: DER BETRIEB 2000, Nr. 14 vom 07.04.2000, S. 693–696.

Günterberg, Brigitte & Wolter, Hans-Jürgen (2003) - Unternehmensgrößenstatistik:
Unternehmensgrößenstatistik 2001/2002 - Daten und Fakten;
Bonn, 2003;

Online verfügbar unter: http://www.ifm-bonn.org//uploads/tx_ifmstudies/IfM-Materialien-157_2003.pdf, zuletzt aktualisiert am 02.05.2003, zuletzt geprüft am 12.02.2015.

Gutenberg, Erich (1958) - Einführung BWL:
Einführung in die Betriebswirtschaftslehre;
Wiesbaden, 1958: Dr. Th. Gabler Verlag.

Gutenberg, Erich (1983) - Grundlagen BWL:
Grundlagen der Betriebswirtschaftslehre - Die Produktion, 24. Auflage von 1.;
Berlin, 1983: Springer.

H   *Haritz, Detlef & Menner, Stefan* (2015) - UmwStG:
Umwandlungssteuergesetz, 4. Auflage ;
München, 2015: C. H. Beck.

     Zitiert als *Bearbeiter* in: Haritz/Menner.

Hering, Thomas (2008) - Investitionstheorie:
Investitionstheorie, 3. Auflage;
München, 2008: Oldenbourg Verlag.

Herlinghaus, Andreas (2014) - FR:
Betriebsbegriff und "Gesamtplan" bei Unternehmensveräußerungen und -umstrukturierungen Aufsätze;
In: Finanz-Rundschau Ertragsteuerrecht 2014, Nr. 10 vom 15.05.2014, S. 441–453.

Herrmann, Carl; Heuer, Gerhard & Raupach, Arndt (2015) - EStG:
Einkommensteuer- und Körperschaftsteuergesetz - Großkommentar zum Einkommen- und Körperschaftsteuerrecht, 21 Auflage (267. Ergänzungslieferung, Stand: Februar 2015 [abgerufen über juris]);
Köln, 2015: Verlag Dr. Otto Schmidt.

     Zitiert als *Bearbeiter* in: H/H/R.

Herzig, Norbert & Förster, Guido (1999) - DB:
Steuerentlastungsgesetz 1999/2000/2002 - Die Änderung von § 17 und § 34 EStG mit ihren Folgen;
In: DER BETRIEB 1999, Nr. 14 vom 09.04.1999, S. 711–718.

I   *IDW* (2011) - Steuerinduzierten Klauseln:
Arbeitshilfe zu steuerinduzierten Klauseln in Verträgen von und mit Personengesellschaften;
In: Beilage zu IDW-Finanznachrichten 2011, Nr. 8.

IfM Bonn (2002) - KMU-Definition IfM Bonn:
KMU-Definition des IfM Bonn;
Bonn, 2002: Institut für Mittelstandsforschung;

Online verfügbar unter: http://www.ifm-bonn.org/mittelstandsdefini-
tion/definition-kmu-des-ifm-bonn/, zuletzt aktualisiert am 02.01.2002, zuletzt geprüft am 12.02.2015.

IfM Bonn (2005) - KMU-Definition EU Kommission:
KMU-Definition der Europäischen Kommission;
Bonn, 2005: Institut für Mittelstandsforschung;
Online verfügbar unter: http://www.ifm-bonn.org/mittelstandsdefini-
tion/definition-kmu-der-eu-kommission/, zuletzt aktualisiert am
01.01.2005, zuletzt geprüft am 12.02.2015.

IfM Bonn (2015) - Mittelstand im Überblick:
Mittelstand im Überblick - Kennzahlen nach KMU-Definition des IfM
Bonn, unter Mitarbeit von *Brigitte Günterberg & Christoph Lamsfuß*;
Bonn, 2015: Institut für Mittelstandsforschung;
Online verfügbar unter: http://www.ifm-bonn.org/statistiken/mittelstand-
im-ueberblick/#accordion=0&tab=1, zuletzt geprüft am 11.02.2015.

J   *Jansen, Stephan A.* (2008) - M&A:
Mergers & Acquisitions - Unternehmensakquisitionen und -kooperationen,
Eine strategische, organisatorische und kapitalmarkttheoretische Einfüh-
rung, 5 Auflage;
Wiesbaden, 2008: Gabler Verlag.

K   *Kessler, Wolfgang; Kröner, Michael & Köhler, Stefan* (2008) - Konzernsteuer-
recht:
Konzernsteuerrecht - National - international, 2. Auflage ;
München, 2008: C. H. Beck.

Zitiert als *Bearbeiter* in: K/K/K.

Kirchhof, Paul (2015) - EStG:
Einkommensteuergesetz - Kommentar, 14. Auflage ;
Köln, 2015: Verlag Dr. Otto Schmidt.

Zitiert als *Bearbeiter* in: Kirchhof.

Kirchhof, Paul; Söhn, Hartmut & Mellinghoff, Rudolf (2014) - EStG:
Einkommensteuergesetz - Kommentar;
(253. Ergänzungslieferung, Stand: Dezember 2014);
Heidelberg, 2014: C. F. Müller Verlag.

Zitiert als *Bearbeiter* in: K/S/M.

Klein, Franz (2014) - AO:
Abgabenordnung - Einschließlich Steuerstrafrecht, 12. Auflage ;
München, 2014: C. H. Beck.

Zitiert als *Bearbeiter* in:

Kußmaul, Heinz (2014) - StL:
Betriebswirtschaftliche Steuerlehre, 7. Auflage;
München, 2014: Oldenbourg Verlag.

L *Lenski, Edgar & Steinberg, Wilhelm* (2014) - GewStG:
Gewerbesteuergesetz - Kommentar zum Gewerbesteuergesetz, 9. Auflage
(111. Ergänzungslieferung, Stand: Oktober 2014 [abgerufen über juris]);
Köln, 2014: Verlag Dr. Otto Schmidt.

Zitiert als *Bearbeiter* in: Lenski/Steinberg.

Lippross, Otto-Gerd & Seibel, Wolfgang (2015) - EStG:
Basiskommentar Steuerrecht - AO, AstG, BewG, EigZulG, ErbStG, EStG,
FGO, GewStG, GrEStG, GrStG, InvZulG, KraftStG, KStG, SolZG, Um-
wStG, UStG;
(87. Ergänzungslieferung, Stand: Januar 2015 [abgerufen über juris]);
Köln, 2015: Verlag Dr. Otto Schmidt.

Zitiert als *Bearbeiter* in: Lippross/Seibel.

Littmann, Eberhard; Bitz, Horst & Pust, Hartmut (2015) - EStG:
ESt - Das Einkommensteuerrecht, Apart-Ausgabe (108. Ergänzungsliefe-
rung, Stand: Februar 2015);
Stuttgart, 2015: Schäffer-Poeschel Verlag.

Zitiert als *Bearbeiter* in: L/B/P.

Lüdicke, Jochen & Sistermann, Christian (2008) - UnternehmenStR:
Handbuch Unternehmensteuerrecht - Gründung, Finanzierung, Umstruktu-
rierung, Übertragung, Liquidation;
München, 2008: C. H. Beck.

Zitiert als *Bearbeiter* in: Lüdicke/Sistermann.

Ludwig, Gerd (2007) - BB:
Ermittlung des Gewerbeertrags aus der Veräußerung von Anteilen an mehr-
stöckigen Personengesellschaften;
In: Betriebs Berater 2007, Nr. 44, S. 2152–2158.

M *MüKo: Rebmann, Kurt; Rixecker, Roland; Säcker, Jürgen & Oetker, Hartmut*
(2013) - BGB-Komm:
Münchener Kommentar zum Bürgerlichen Gesetzbuch - Schuldrecht, Be-
sonderer Teil III, 7. Auflage, Band 5 von 11 ;
München, 2013: C. H. Beck.

Zitiert als *Bearbeiter* in: MüKo.

N   *Niehus, Ulrich & Wilke, Helmuth* (2011) - Steuk:
Zur Anwendung der Gesamtplanrechtsprechung in Ausgliederungsfällen
(Teil 1);
In: Steuerrecht kurzgefasst 2011, Nr. 11 vom 01.06.2011, S. 225–246.

Niehus, Ulrich & Wilke, Helmuth (2013) - PersG:
Die Besteuerung der Personengesellschaften, 6. Auflage;
Stuttgart, 2013: Schäffer-Poeschel Verlag.

O   *Olbrich, Michael; Matschke, Manfred J.; Hering, Thomas; Brösel, Gerrit & Klingelhöfer, Heinz E.* (2014) - Unternehmungsnachfolge:
Unternehmungsnachfolge durch Unternehmungsverkauf, 2 Auflage;
Wiesbaden, 2014: Springer Gabler.

P   *Prinz, Ulrich* (2013) - DB:
Ende der Gesamtplanrechtsprechung?;
In: DER BETRIEB 2013, Nr. 7 vom 15.02.2013, S. 1, vom http://www.der-betrieb.de/content/dft,223,577379, zuletzt geprüft am 08.03.2015.

Prinz, Ulrich (2014) - FR:
Zwangsweise Beendigung einer Betriebsaufspaltung - teilentgeltliche und
unentgeltliche Übertragung von Einzelwirtschaftsgütern an nahe Angehö-
rige aufgrund vorab erstellten Konzepts, Kommentar zum BFH-Urteil vom
22.10.2013 - X R 14/11;
In: Finanz-Rundschau Ertragsteuerrecht 2014, Nr. 5 vom 01.03.2014,
S. 228–236.

R   *Reifenberger, Sabine* (2014) - FINANCE:
Das Jahr der Mega-Deals - Der Knoten ist geplatzt: Deutsche Konzerne wa-
gen sich reihenweise an große M&A-Deals.;
In: FINANCE 2014, Ausgabe Dezember 2014 / Januar 2015, S. 10–14.

Reuters (2015) - Soli:
Unionsspitzen wollen Solidaritätszuschlag langsam kappen;
Frankfurt am Main, 2015: Thomson Reuters;
Online verfügbar unter: http://de.reuters.com/article/domesticNews/id-
DEKBN0M011520150304, zuletzt aktualisiert am 04.03.2015, zuletzt ge-
prüft am 05.03.2015.

Rödder, Thomas; Herlinghaus, Andreas & van Lishaut, Ingo (2013) - UmwStG:
Umwandlungssteuergesetz - Kommentar, 2. Auflage ;
Köln, 2013: Verlag Dr. Otto Schmidt.

Zitiert als *Bearbeiter* in: R/H/vL.

Rose, Gerd & Watrin, Christoph (2013) - Ertragsteuern:
Ertragsteuern - Einkommensteuer, Körperschaftsteuer, Gewerbesteuer - 1.
Band, 20. Auflage;
Berlin, 2013: Erich Schmidt Verlag.

S   *Schiffers, Joachim* (1994) - BB:
Änderung der §§ 16 EStG und 24 UmwStG durch das Mißbrauchsbekämp-
fungs- und Steuerbereinigungsgesetz;
In: Betriebs Berater 1994, S. 1469–1473.

Schmidt, Karsten & Lutter, Marcus (2010) - AktG-Komm:
Aktiengesetz - Kommentar, 2. Auflage, Band 1. ;
Köln, 2010: Verlag Dr. Otto Schmidt.

Zitiert als *Bearbeiter* in: Schmidt/Lutter.

Schmidt, Ludwig (2015) - EStG:
Einkommensteuergesetz - Kommentar, 34. Auflage ;
München, 2015: C. H. Beck.

Zitiert als *Bearbeiter* in: Schmidt.

Schmidtmann, Dirk (2015):
Normative Verankerung der Gesamtplanrechtsprechung - Anmerkungen
zum BFH-Urteil vom 09.11.2011 – X R 60/09;
In: Finanz-Rundschau Ertragsteuerrecht 2015, S. 57–66.

Schoberth, Joerg & Wittmann, Hans-Jörg (2012) - BB:
Financial und Tax Due Diligence bei der Akquisition von Familienunter-
nehmen - Besonderheiten und Handlungsempfehlungen;
In: Betriebs Berater 2012, Nr. 12 vom 19.03.2012, S. 759–764.

Schreiber, Ulrich (2012) - Besteuerung:
Besteuerung der Unternehmen - Eine Einführung in Steuerrecht und Steu-
erwirkung, 3. Auflage;
Wiesbaden, 2012: Gabler Verlag.

Schulze zur Wiesche, Dieter (2012) - DStR:
Umstrukturierung von Unternehmen und Gesamtplanrechtsprechung;
In: Deutsches Steuerrecht 2012, Nr. 29 vom 20.07.2012, S. 1420–1426.

Sinewe, Patrick (2014) - Tax DD:
Tax Due Diligence beim Unternehmenskauf - Ablauf, Beratung, Muster, 2.
Auflage;
Wiesbaden, 2014: Springer Gabler.

Zitiert als *Bearbeiter* in: Sinewe.

Sobanski, Holger & Gutmann, Joachim (1998) - Nachfolgeprozess:
Erfolgreiche Unternehmensnachfolge - Konzepte, Erfahrungen, Perspektiven;
Wiesbaden, 1998: Gabler Verlag.

Zitiert als *Bearbeiter* in: Sobanski & Gutmann.

Springer-Gabler (2013) - Lexikon Wirtschaft:
Gabler Kompakt-Lexikon Wirtschaft - 4.500 Begriffe nachschlagen, verstehen, anwenden, 11. Auflage;
Wiesbaden, 2013: Springer Gabler.

Springer-Gabler (2013) - Steuer-Lexikon:
Kompakt-Lexikon Steuerlehre und Wirtschaftsprüfung - 2.400 Begriffe Nachschlagen, Verstehen, Anwenden (German Edition);
Wiesbaden, 2013: Springer Gabler.

statista (2015) - Entwicklung des Kapitalmarktzinssatzes:
Entwicklung des Kapitalmarktzinssatzes in Deutschland in den Jahren 1975 bis 2014;
Hamburg, 2015: statista - Das Statistik-Portal;
Online verfügbar unter: http://de.statista.com/statistik/daten/studie/201419/umfrage/entwicklung-des-kapitalmarktzinssatzes-in-deutschland/, zuletzt aktualisiert am 01.2015, zuletzt geprüft am 22.03.2015.

Staudinger, Julius von (2008) – BGB:
J. von Staudingers Kommentar zum Bürgerlichen Gesetzbuch: Staudinger BGB - Buch 2: Recht der Recht der Schuldverhältnisse, 14. Auflage, Band 57 von 96;
Berlin, 2008: Sellier-de Gruyter.

Zitiert als *Bearbeiter* in: Staudinger.

Suprinovič, Olga & Kay, Rosemarie (2013) - Unternehmensnachfolge:
Unternehmensnachfolgen in Deutschland 2014 bis 2018;
Bonn, 2013: Institut für Mittelstandsforschung;
Online verfügbar unter: http://www.ifm-bonn.org//uploads/tx_ifmstudies/Daten-und-Fakten-11.pdf, zuletzt aktualisiert am 12.2013, zuletzt geprüft am 12.02.2015.

T   *Tipke, Klaus & Kruse, Heinrich W.* (2014) - AO:
Abgabenordnung und Finanzgerichtsordnung - Kommentar zur AO und FGO
(138. Ergänzungslieferung, Stand: November 2014 [abgerufen über juris]);
Köln, 2014: Verlag Dr. Otto Schmidt.

Zitiert als *Bearbeiter* in: Tipke/Kruse.

Tipke, Klaus & Lang, Joachim (2013) - StR:
Steuerrecht, 21. Auflage;
Köln, 2013: Verlag Dr. Otto Schmidt.

Zitiert als *Bearbeiter* in: Tipke/Lang.

Tschöke, Kai & Klemen, Bernhard (2013) - M&A-R:
M&A am Scheideweg - Erholung von niedrigem Niveau im Nachkrisenumfeld;
In: M&A REVIEW 2013, Nr. 5 vom 30.04.2013, S. 222–228, vom 30.04.2013, zuletzt geprüft am 14.02.2013.

W   *Weber, Hendrik* (2009) - Familienexterne Unternehmensnachfolge:
Familienexterne Unternehmensnachfolge - Eine empirische Untersuchung über Akquisitionen von Familienunternehmen;
Wiesbaden, 2009: Gabler Verlag.

Wegmann, Jürgen (2013) - Unternehmensverkauf:
Unternehmensverkauf - Leitfaden für kleine und mittlere Unternehmen;
Wiesbaden, 2013: Springer Gabler.

Weinläder, Horst (1998) - Unternehmensnachfolge:
Unternehmensnachfolge - Strategien, Praxis, Recht;
München, 1998: C. H. Beck.

Wien, Andreas (2012) - BGB:
Bürgerliches Recht - Eine praxisorientierte Einführung;
Wiesbaden, 2012: Springer Gabler.

Wirtz, Bernd W. (2012) - M&A:
Mergers & Acquisitions Management - Strategie und Organisation von Unternehmenszusammenschlüssen, 2 Auflage;
Wiesbaden, 2012: Gabler Verlag.

Z   *Zenthöfer, Wolfgang* (2013) - ESt:
Einkommensteuer - 3. Band, 11. Auflage;
Stuttgart, 2013: Schäffer-Poeschel Verlag.

Zimmermann, Reimar; Hottmann, Jürgen; Kiebele, Sabrina; Schaeberle, Jürgen & Scheel, Thomas (2013):
Die Personengesellschaft im Steuerrecht, 11. Auflage ;
Achim, 2013: Erich Fleischer Verlag.

Zitiert als *Bearbeiter* in: Zimmermann et al.

B. Rechtsquellen- und Rechtsprechungsverzeichnis

I. Rechtsquellenverzeichnis

1. Zivil- und Wirtschaftsrecht

AktG   Aktiengesetz i. d. F. der Bekanntmachung vom 06.09.1965 (BGBl. I S. 1089), in Kraft getreten am 01.01.1966, zuletzt geändert durch das 2. Kostenrechtsmodernisierungsgesetz (2. KostRMoG) vom 23.07.2013 (BGBl. I S. 2586) m. W. v. 01.08.2013.

BGB   Bürgerliches Gesetzbuch i. d. F. der Bekanntmachung vom 02.01.2002 (BGBl. I S. 42, ber. S. 2909, 2003 I S. 738), zuletzt geändert durch das Gesetz zur Bekämpfung von Zahlungsverzug im Geschäftsverkehr und zur Änderung des EEGs (ZahlVerzBekG/EEG2014ÄndG) vom 22.07.2014 (BGBl. I S. 1218) m. W. v. 29.07.2014.

GmbHG   GmbH-Gesetz i. d. F. der Bekanntmachung vom 20.04.1892 (RGBl. I S. 477), zuletzt geändert durch Gesetz vom 23.07.2013 (BGBl. I S. 2586) m. W. v. 01.08.2013.

HGB   Handelsgesetzbuch i. d. F. der Bekanntmachung vom 10.05.1897 (RGBl. I S. 219), zuletzt geändert durch das Gesetz zur Umsetzung der Richtlinie 2012/17/EU in Bezug auf die Verknüpfung von Zentral-, Handels- und Gesellschaftsregistern in der Europäischen Union (EURL17/2012UmsG) vom 22.12.2014 (BGBl. I S. 2409) m. W. v. 31.12.2014.

2. Öffentliches- und Strafrecht

GG   Grundgesetz für die Bundesrepublik Deutschland i. d. F. der Bekanntmachung vom 23.05.1949 (BGBl. I S. 1), zuletzt geändert durch das Gesetz zur Änderung des Grundgesetzes (Artikel 91b) (GGArt91bÄndG) vom 23.12.2014 (BGBl. I S. 2438) m. W. v. 01.01.2015.

SGB VI   Sechstes Buch Sozialgesetzbuch zur Gesetzliche Rentenversicherung i. d. F. der Bekanntmachung vom 19.02.2002 (BGBl. I S. 754, 1404, 3384), zuletzt geändert durch das Gesetz zur besseren Vereinbarkeit von Familie, Pflege und Beruf (FamPflBVG) vom 23.12.2014 (BGBl. I S. 2462) m. W. v. 01.01.2015.

StGB   Strafgesetzbuch i. d. F. vom 13.11.1998 (BGBl. I S. 3322) zuletzt geändert durch das Neunundvierzigste Gesetz zur Änderung des Strafgesetzbuches – Umsetzung europäischer Vorgaben zum Sexualstrafrecht (StRÄndG 49) vom 21.01.2015 (BGBl. I S. 10) m. W. v. 27.01.2015.

3. Steuerrecht

AO   Abgabenordnung i. d. F. der Bekanntmachung vom 01.10.2002 (BGBl. I S. 3866; 2003 I S. 61), zuletzt geändert durch das Gesetz zur Anpassung der Abgabenordnung an den Zollkodex der Union und zur Änderung weiterer steuerlicher Vorschriften (AO1977Anp/StRÄndG) vom 22.12.2014 (BGBl. I S. 2417) m. W. v. 31.12.2014.

BewG   Bewertungsgesetz i. d. F. der Bekanntmachung vom 01.02.1991 (BGBl. I S. 230), zuletzt geändert durch das Gesetz zur Anpassung steuerlicher Regelungen an die Rechtsprechung des Bundesverfassungsgerichts (BVefGStRAnpG) vom 18.07.2014 (BGBl. I S. 1042) m. W. v. 24.07.2014.

EStG   Einkommensteuergesetz i. d. F. der Bekanntmachung vom 08.10.2009 (BGBl. I S. 3366, 3862), zuletzt geändert durch Gesetz vom 22.12.2014 (BGBl. I S. 2417) m. W. v. 01.01.2015;

EStR   Einkommensteuer-Richtlinien 2012 vom 16.12.2005 (BStBl. I Sondernummer 1) i. d. F. der EStÄR 2012 vom 25.03.2013 (BStBl. I S. 276);

EStH   Einkommensteuer-Hinweisen 2013.

GewStG Gewerbesteuergesetz i. d. F. der Bekanntmachung vom 15.10.2002 (BGBl. I S. 4167), zuletzt geändert durch Gesetz vom 22.12.2014 (BGBl. I S. 2417) m. W. v. 31.12.2014.

GewStR Gewerbesteuer-Richtlinien 2009 vom 28.04.2010 (BStBl. I Sondernummer 1 S. 2).

KStG   Körperschaftsteuergesetz i. d. F. der Bekanntmachung vom 15.10.2002 (BGBl. I S. 4144), zuletzt geändert durch Gesetz vom 22.12.2014 (BGBl. I S. 2417) m. W. v. 31.12.2014.

UmwStG Umwandlungssteuergesetz i. d. F. der Bekanntmachung vom 15.10.2002 (BGBl. I S. 4133; 2003 I S. 738), zuletzt geändert durch Entscheidung des Bundesverfassungsgerichts (BVerfG-Entscheidung vom 15.01.2008, 2 BvL 12/1, BGBl I 2008, S. 481).

II. Rechtssprechungsverzeichnis

1. BVerfG - Bundesverfassungsgericht

BVerfG, 1 BvR 1236/11, anhängiges Verfahren zur Verfassungsmäßigkeit von § 7 S. 2 GewStG mit Art. 3 Abs. 1, 20 Abs. 1, 3 GG.

BVerfG-Beschluss vom 24.07.1957, 1 BvL 23/52, BVerfGE 7, S. 89.

BVerfG-Urteil vom 24.01.1962, 1 BvR 232/60, BVerfGE 13, S. 318–331.

BVerfG-Beschluss vom 22.09.2009, 2 BvL 3/02, BVerfGE 124, S. 251.

BVerfG-Urteil vom 17.12.2014, 1 BvL 21/12, NJW 2015, S. 303.

2.   BGH - Bundesgerichtshof

BGH-Urteil vom 29.01.2001, II ZR 331/00, BGHZ 145, S. 341.

3.   BFH – Bundesfinanzhof

BFH-Urteil vom 05.02.1969, I R 21/66, BStBl. II 1969, S. 334.

BFH-Urteil vom 01.08.1974, IV R 120/70, BStBl. II 1975, S. 13.

BFH-Urteil vom 30.10.1974, I R 40/72, BStBl. II 1975, S. 232.

BFH-Urteil vom 25.07.1979, I R 175/76, BStBl. II 1980, S. 43.

BFH-Urteil vom 17.07.1980, IV R 15/76, BStBl. II 1981, S. 11.

BFH-Urteil vom 21.10.1980, VIII R 190/78, BStBl. II 1981, S. 160.

BFH-Urteil vom 24.11.1982, II R 38/78, BStBl. II 1983, S. 429.

BFH-Urteil vom 14.12.1982, VIII R 53/81, BStBl. II 1983, S. 303.

BFH-Beschluss vom 25.06.1984, GrS 4/82, BStBl. II 1984, S. 751–768.

BFH-Urteil vom 26.07.1984, IV R 137/82, BStBl. II 1984, S. 829.

BFH-Urteil vom 16.10.1984, VIII R 299/81, BFH/NV.

BFH-Urteil vom 27.02.1986, IV R 52/83, BStBl. II 1986, S. 552.

BFH-Urteil vom 17.09.1987, III R 272/83, BStBl. II 1988, S. 441.

BFH-Urteil vom 17.01.1989, VIII R 370/83, BStBl. II 1989, S. 563.

BFH-Urteil vom 16.03.1989, IV R 153/86, BStBl. II 1989, S. 557.

BFH-Urteil vom 16.05.1989, VIII R 196/84, BStBl. II 1989, S. 877.

BFH-Urteil vom 19.03.1991, VIII R 76/87, BStBl. II 1991, S. 635–636.

BFH-Urteil vom 07.11.1991, IV R 50/90, BStBl. II 1992, S. 380–381.

BFH-Urteil vom 17.12.1991, VIII R 80/87, BStBl. II 1993, S. 15–17.

BFH-Urteil vom 29.01.1992, X R 193/87, BStBl. II 1992, S. 465–468.

BFH-Urteil vom 19.05.1992, VIII R 37/90, BFH/NV 1993, S. 87.

BFH-Urteil vom 07.07.1992, VIII R 2/87, BStBl. II 1993, S. 328–331.

BFH-Urteil vom 22.09.1992, VIII R 7/90, BStBl. II 1993, S. 228–231.

BFH-Beschluss vom 03.05.1993, GrS 3/92, BStBl. II 1993, S. 616–628.

BFH-Beschluss vom 19.07.1993, GrS 2/92, BStBl. II 1993, S. 897–903.

BFH-Urteil vom 06.10.1993, I R 97/92, BStBl. II 1994, S. 287–289.

BFH-Beschluss vom 03.07.1995, GrS 1/93, BStBl. II 1995, S. 617–622.

BFH-Urteil vom 28.09.1995, IV R 34/93, BFH/NV 1996, S. 314.

BFH-Urteil vom 13.02.1996, VIII R 39/92, BStBl. II 1996, S. 409–413.

BFH-Urteil vom 02.10.1997, IV R 84/96, BStBl. II 1998, S. 104–106.

BFH-Urteil vom 16.12.1997, IX R 11/94, BStBl. II 1998, S. 718–721.

BFH-Urteil vom 19.08.1999, IV R 67/98, BStBl. II 2000, S. 355–357.

BFH-Urteil vom 09.11.1999, II R 45/97, BFH/NV 2000, S. 686–688.

BFH-Urteil vom 24.08.2000, IV R 51/98, BStBl. II 2005, S. 173–176.

BFH-Urteil vom 06.09.2000, IV R 18/99, BStBl. II 2001, S. 229–232.

BFH-Urteil vom 09.11.2000, IV R 60/99, BStBl. II 2001, S. 101–102.

BFH-Urteil vom 06.12.2000, VIII R 21/00, BStBl. II 2003, S. 194–199.

BFH-Urteil vom 14.05.2002, VIII R 8/01, BStBl. II 2002, S. 532–537.

BFH-Urteil vom 06.03.2003, XI R 52/01, BStBl. II 2003, S. 658–661.

BFH-Beschluss vom 12.05.2003, GrS 1/00, BStBl. II 2004, S. 95.

BFH-Urteil vom 14.01.2004, X R 37/02, BStBl. II 2004, S. 493–500.

BFH-Urteil vom 15.06.2004, VIII R 7/01, BStBl. II 2004, S. 754–757.

BFH-Urteil vom 20.01.2005, IV R 14/03, BStBl. II 2005, S. 951–953.

BFH-Urteil vom 08.09.2005, IV R 40/04, BStBl. II 2006, S. 26–30.

BFH-Urteil vom 14.12.2006, IV R 3/05, BStBl. II 2007, S. 777–781.

BFH-Urteil vom 13.02.2008, I R 63/06;, BStBl. II 2009, S. 414–421.

BFH-Urteil vom 29.04.2008, VIII R 98/04, BStBl. II 2008, S. 749–752.

BFH-Urteil vom 25.11.2009, I R 72/08, BStBl. II 2010, S. 471–476.

BFH-Urteil vom 16.12.2009, I R 97/08, BStBl. II 2010, S. 808–812.

BFH-Urteil vom 22.07.2010, IV R 29/07, BStBl. II 2011, S. 511–520.

BFH-Urteil vom 22.09.2010, X R 32-33/01, BStBl. II 2011, S. 675–680.

BFH-Urteil vom 09.11.2011, X R 60/09, BStBl. II 2012, S. 638.

BFH-Urteil vom 02.08.2012, IV R 41/11, BFH/NV 2012, S. 2053–2060.

BFH-Urteil vom 30.08.2012, IV R 44/10, BFH/NV 2013, S. 376.

BFH-Urteil vom 16.05.2013, IV R 35/10, BFH/NV 2013, S. 1945–1947.

BFH-Urteil vom 22.11.2013, III B 35/12, BFH/NV 2014, S. 531.

RFH – Reichsfinanzhof, als Vorgänger des BFHs

RFH-Urteil vom 01.02.1934, IV A 1856/32, RStBl. 1934, S. 540.

4. FG - Finanzgerichte

FG-HH-Urteil vom 22.07.2010, 2 K 179/08, DStRE 2011, 734-738 2011, S. 734–738.

III. Bundestagsdrucksachen und Verwaltungsanweisungen

1. Bundestagsdrucksachen

BT-Drucksache (2006):
  vom 25.09.2006 - Entwurf eines Gesetzes über steuerliche Begleitmaßnahmen
  zur Einführung der Europäischen Gesellschaft und zur Änderung weiterer steu-
  errechtlicher Vorschriften (SEStEG), Gesetzentwurf der Bundesregierung, 16.
  Wahlperiode;
  Berlin, 2006: Deutscher Bundestag;
  Online verfügbar unter:
  https://www.google.de/url?sa=t&rct=j&q=&esrc=s&source=web&cd=1&cad=
  rja&uact=8&ved=0CCIQFjAA&url=http%3A%2F%2Fdip21.bundes-
  tag.de%2Fdip21%2Fbtd%2F16%2F027%2F1602710.pdf&ei=4NfxVICdIIb7P
  JaagRA&usg=AFQjCNHN9Zbi9t2LRt29dYX8x5Yc7WmGOg&sig2=k_CJX

Gu9oLpgQD1t9_C92A&bvm=bv.87269000,d.ZWU, zuletzt geprüft am 28.02.2015.

2.   BMF-Schreiben

BMF-Schreiben vom 13.01.1993, IV B 3 - S 2190 - 37/92, BStBl. I 1991, S. 80.

BMF-Schreiben vom 16.08.2000, IV C 2-S 1909-23/00, BStBl. I 2000, S. 1253.

BMF-Schreiben vom 26.08.2002, IV C 3 - S 2255 - 420/02, BStBl. I 2002, S. 893.

BMF-Schreiben vom 11.03.2010, IV C 3 - S 2221/09/10004, BStBl. II 2010, S. 227.

BMF-Schreiben vom 08.08.2013, IV C 6 - S 2241/10/10002, BStBl. II 2013, S. 1164.

3.   OFD- Verwaltungsanweisung

OFD-Karlsruhe vom 20.06.2006, S 2241/27 - St 111, ESt-Kartei BW, § 6 EStG.

OFD-Frankfurt am Main vom 16.09.2014, S 2241 A – 99 – St 213, DStR 2014, S. 2180.